새로운 도서, 다양한 자료
동양북스 홈페이지에서 만나보세요!

www.dongyangbooks.com
m.dongyangbooks.com

홈페이지 도서 자료실에서 학습자료 및 MP3 무료 다운로드

PC

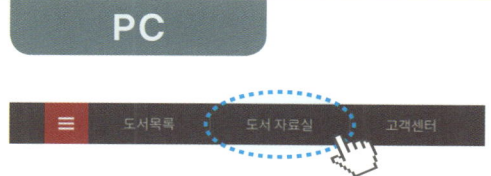

❶ 홈페이지 접속 후 **도서 자료실** 클릭
❷ 하단 검색 창에 검색어 입력
❸ MP3, 정답과 해설, 부가자료 등 첨부파일 다운로드
* 원하는 자료가 없는 경우 '요청하기' 클릭!

MOBILE

* 반드시 '인터넷, Safari, Chrome' App을 이용하여 홈페이지에 접속해주세요. (네이버, 다음 App 이용 시 첨부파일의 확장자명이 변경되어 저장되는 오류가 발생할 수 있습니다.)

❶ 홈페이지 접속 후 ≡ 터치

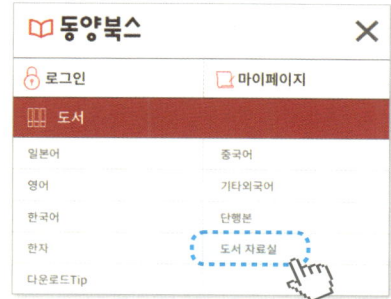

❷ 도서 자료실 터치

❸ 하단 검색창에 검색어 입력
❹ MP3, 정답과 해설, 부가자료 등 첨부파일 다운로드
* 압축 해제 방법은 '다운로드 Tip' 참고

미래와 통하는 책

가장 쉬운 독학
일본어 첫걸음
14,000원

버전업! 굿모닝
독학 일본어 첫걸음
14,500원

일단 합격하고 오겠습니다
JLPT 일본어능력시험 N3
26,000원

일본어 100문장 암기하고
왕초보 탈출하기
13,500원

가장 쉬운 독학
중국어 첫걸음
14,000원

가장 쉬운 중국어
첫걸음의 모든 것
14,500원

일단 합격 新HSK
한 권이면 끝! 4급
24,000원

중국어
지금 시작해
14,500원

영어를 해석하지 않고
읽는 법
15,500원

미국식
영작문 수업
14,500원

세상에서 제일 쉬운
10문장 영어회화
13,500원

영어회화
순간패턴 200
14,500원

가장 쉬운 독학
베트남어 첫걸음
15,000원

가장 쉬운 독학
프랑스어 첫걸음
16,500원

가장 쉬운 독학
스페인어 첫걸음
15,000원

가장 쉬운 독학
독일어 첫걸음
17,000원

동양북스 베스트 도서

THE GOAL 1
22,000원

인스타 브레인
15,000원

직장인, 100만 원으로 주식투자 하기
17,500원

당신의 어린 시절이 울고 있다
13,800원

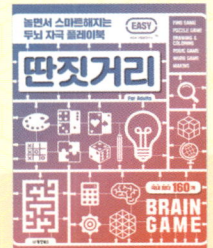
놀면서 스마트해지는 두뇌 자극 플레이북 딴짓거리 EASY
12,500원

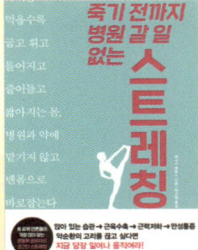
죽기 전까지 병원 갈 일 없는 스트레칭
13,500원

가장 쉬운 독학 이세돌 바둑 첫걸음
16,500원

누가 봐도 괜찮은 손글씨 쓰는 법을 하나씩 하나씩 알기 쉽게
13,500원

가장 쉬운 초등 필수 파닉스 하루 한 장의 기적
14,000원

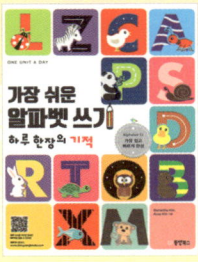
가장 쉬운 알파벳 쓰기 하루 한 장의 기적
12,000원

가장 쉬운 영어 발음기호 하루 한 장의 기적
12,500원

가장 쉬운 초등한자 따라쓰기 하루 한 장의 기적
9,500원

세상에서 제일 쉬운 엄마표 생활영어
12,500원

세상에서 제일 쉬운 엄마표 영어놀이
13,500원

창의쑥쑥 환이맘의 엄마표 놀이육아
14,500원

동양북스
www.dongyangbooks.com
m.dongyangbooks.com

YouTube 동양북스 를 검색하세요
https://www.youtube.com/channel/UC3VPg0Hbtxz7squ78S16i1g

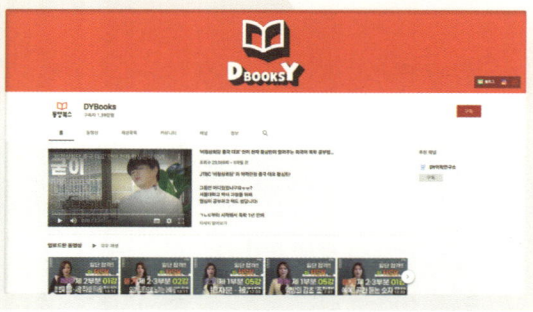

JLPT
HSK

제2
외국어

동양북스는 모든 외국어 강의영상을 무료로 제공하고 있습니다.
동양북스를 구독하시고 여러가지 강의 영상 혜택을 받으세요.

https://m.post.naver.com/my.nhn?memberNo=856655

NAVER 동양북스 포스트
를 팔로잉하세요

동양북스 포스트에서 다양한 도서 이벤트와
흥미로운 콘텐츠를 독자분들에게 제공합니다.

중국어뱅크

北京大学

신 한어구어 5

刘德联·刘晓雨 편저

동양북스

중국어 뱅크
신 한어구어 5

초판 4쇄 | 2022년 3월 20일

지은이 | 刘德联, 刘晓雨
발행인 | 김태웅
편 집 | 신효정, 양수아
디자인 | 남은혜, 신효선
마케팅 | 나재승
제 작 | 현대순

발행처 | (주)동양북스
등 록 | 제 2014-000055호
주 소 | 서울시 마포구 동교로22길 14 (04030)
구입 문의 | 전화 (02)337-1737   팩스 (02)334-6624
내용 문의 | 전화 (02)337-1762   dybooks2@gmail.com

ISBN 979-11-5768-319-2 14720
ISBN 979-11-5768-299-7 (세트)

© Liu Delian, Liu Xiaoyu 1996, 2004, 2014
The Chinese edition is originally published by Peking University Press.
This translation is published by arrangement with Peking University Press, Beijing, China.
All rights reserved. No reproduction and distribution without permission.

▶ 본 책은 저작권법에 의해 보호를 받는 저작물이므로 무단 전재와 복제를 금합니다.
▶ 잘못된 책은 구입처에서 교환해드립니다.
▶ 도서출판 동양북스에서는 소중한 원고, 새로운 기획을 기다리고 있습니다.
  http://www.dongyangbooks.com

이 도서의 국립중앙도서관 출판예정도서목록(CIP)은 서지정보유통지원시스템 홈페이지(http://seoji.nl.go.kr)와
국가자료공동목록시스템(http://www.nl.go.kr/kolisnet)에서 이용하실 수 있습니다.
(CIP제어번호:CIP2017031507)

책 머리에

　　최근 몇 년간 중국의 대외한어 교재는 출판 주기의 변화 속도와 출판물의 다양성 등에서 괄목할 만한 발전을 이루었다. 그에 따라 수량으로 독자의 수요를 맞추던 기존의 출판 시장에서 탈피하여, 콘텐츠의 내용과 수준으로 독자의 요구를 충족시키는 시대로 접어들었다. 수많은 교재가 출간된 이후 빛을 보지 못하고 사라져 가는 추세 속에서도 북경대학 대외한어교학중심의 일선 교사들이 집필하고, 북경대학 출판사에서 출간한 〈한어구어(汉语口语)〉 시리즈는 1996년 8월 초판이 출간된 이후, 시대와 시장의 검증을 거치며 중국어 회화 교재의 선두를 지켜왔다.

　　〈한어구어〉 시리즈는 총 6권으로 세상에 첫 선을 보인 이후 원 집필진의 참여하에 교학과 학습의 편의를 함께 고려하고, 학습자 위주의 실용성을 더욱 강화한 제3판 〈한어구어〉가 출간되었다.
　　〈한어구어〉 제3판은 다음에 중점을 두어 편찬되었다.
　　1. 본문 회화 및 예문의 내용을 시대에 맞게 수정하였다.
　　2. 핵심적인 본문 해설을 통해 회화 중심의 교학이 가능하도록 하였다.
　　3. 다양한 어휘를 통한 교체연습을 통해 실용성을 높였다.

　　〈한어구어〉를 접한 학습자들은 시대에 부합하는 콘텐츠, 객관적 시각, 자연스러운 언어 표현, 합리적인 단계 구성 등으로 대변되는 실용성과 교학적 우수성이 뛰어난 교재로 평가하고 있다. 〈한어구어〉 시리즈는 이처럼 실력과 창작 의욕을 겸비한 탄탄한 집필진들에 의해 충분한 준비 과정을 거쳐 체계적으로 만들어졌으며 현재 중국의 대표적인 회화 교재로 자리매김하여 많은 국가 기관의 주 교재로 채택되고 있다.

　　시대가 발전하면서 교학 이념 역시 부단히 업그레이드되고 있다. 이 교재는 앞으로도 시대에 맞게 적절히 수정되어 나갈 것이며, 더 많은 사람들이 이 교재를 통해 많은 도움을 얻고 짧은 시간 내에 큰 성과를 거둘 수 있기를 바란다.

북경대학교 대외한어교학중심 부원장

刘 元 满

차 례

책 머리에 · 3
학습 내용 · 6
구성과 활용 · 8
등장 인물 · 10

01 来，认识一下儿。
자, 인사해. ···································· 12

02 我原来想选五门课!
나는 다섯 과목을 신청하려고 했어! ···································· 24

03 慢慢就习惯了。
천천히 익숙해질 거야. ···································· 36

04 你能不能帮我找一个辅导老师?
내 과외 선생님 좀 알아봐 줄래? ···································· 48

05 你出门喜欢坐什么车啊?
너는 외출할 때 어떤 교통수단을 애용해? ···································· 60

06 我想给朋友打个电话。
친구에게 전화를 걸려고 해요. ···································· 72

07 我在校外租了房子。
나는 학교 밖에 집을 구했어. ···································· 84

08 你想买什么衣服？
어떤 옷을 사고 싶으세요? ················· 96

09 很高兴能到您家来做客。
댁에 초대받아 정말 기뻐요. ················· 108

10 谢谢你们的热情招待。
환대에 감사드립니다. ······················· 122

11 你教我做这个菜吧！
그 요리 만드는 것 좀 가르쳐 줘! ············ 136

12 我还是喜欢中国的民歌。
나는 중국 민요를 더 좋아해. ················· 150

13 找一座有名的山去爬。
명산으로 등산을 가. ························ 162

14 我们想了解一下儿留学生的周末生活。
우리는 유학생의 주말 생활을 알아보고 싶어요. ············ 174

15 看看中国人怎样过春节。
중국인들이 어떻게 춘절을 보내는지 봐. ·················· 186

본문 해석 · 200
교체 연습 해석 · 216
단어 색인 · 220

학습 내용

이 책의 각 과별 학습 내용을 정리했습니다. 교체 연습을 강화하여 하나의 패턴에 대한 응용력을 더욱 높였습니다. 등장인물들의 상황 변화에 따른 다양한 회화문과 풍부한 표현들을 반복을 통해 완벽하게 학습하세요!

제목	주제	학습 목표	주요 학습 내용
UNIT 01 来，认识一下儿。 자, 인사해.	인사, 소개	다양한 인사 표현을 자유롭게 말할 수 있다. 친구를 소개할 수 있다.	• 我对中国历史很感兴趣。 • 今年恐怕入不了系。 • 好说。 • 别拿我开心了！
UNIT 02 我原来想选五门课！ 나는 다섯 과목을 신청하려고 했어!	학교, 수업	수강 신청과 관련된 표현을 자유롭게 말할 수 있다. 듣고 싶은 과목에 대해 말할 수 있다.	• 哪儿啊。 • 除了必修课，我选了两门课。 • 这还多啊？ • 谁想吃成胖子啊！
UNIT 03 慢就习惯了。 천천히 익숙해질 거야.	습관	자신의 생활 습관과 타인의 생활 습관을 비교하여 말할 수 있다.	• 除了学习就是睡觉。 • 不瞒你说 • 怪不得中午看不到你，原来你躺在宿舍里睡大觉。 • 对我来说
UNIT 04 你能不能帮我找一个辅导老师？ 내 과외 선생님 좀 알아봐 줄래?	공부	어떤 조건에 대한 장단점을 말할 수 있다. 사람의 특징을 묘사·설명할 수 있다	• 急得要命。 • 看把你急得！ • 一有消息我就来告诉你。 • 那还等什么？
UNIT 05 你出门喜欢坐什么车啊？ 너는 외출할 때 어떤 교통수단을 애용해?	교통수단	중국 교통수단의 특징에 대해 말할 수 있다. 교통수단 이용 경험에 대해 말할 수 있다	• 看花眼 • 学校门口能坐的车多的是。 • 拿公共汽车来说 • 说实在的
UNIT 06 我想给朋友打个电话。 친구에게 전화를 걸고 해요.	전화, 연락	전화 통화와 관련된 표현을 자유롭게 말할 수 있다. 다양한 연락 수단의 장단점에 대해 말할 수 있다.	• 邮局早就下班了吧？ • 怎么都让我赶上了？ • 要么不接，要么关机。 • 急死我了。
UNIT 07 我在校外租了房子。 나는 학교 밖에 집을 구했어.	집	집을 구하는 것과 관련된 다양한 표현을 말할 수 있다. 집의 구조·시설·주변 환경에 대해 말할 수 있다.	• 那还用说！ • 这倒是。 • 对了。

제목	주제	학습 목표	주요 학습 내용
UNIT 08 你想买什么衣服? 어떤 옷을 사고 싶으세요?	구매, 흥정	물건 구매 및 가격 흥정과 관련된 표현을 자유롭게 말할 수 있다.	• 说得过去。 • 不管怎么说 • 谁让咱们是朋友呢!
UNIT 09 很高兴能到您家来做客。 댁에 초대받아 정말 기뻐요.	습관, 방문 예절	중국인의 생활 습관과 우리의 생활 습관을 비교해서 말할 수 있다. 방문 예절과 관련된 표현을 자유롭게 말할 수 있다.	• 我可除了吃什么也不会。 • 真让你说着了。 • 心里痒痒。 • 一言为定。 • 我怎么说你就怎么说。
UNIT 10 谢谢你们的热情招待。 환대에 감사드립니다.	식사 예절	식사할 때 및 헤어질 때의 예의 바른 표현을 말할 수 있다.	• 戏迷 • 只要你们喜欢吃就行了。 • 你还真有两下子。 • 你替我们送送客人吧。
UNIT 11 你教我做这个菜吧! 그 요리 만드는 것 좀 가르쳐 줘!	요리	요리와 관련된 여러 가지 표현 및 음식 조리법을 말할 수 있다.	• 我从来没做过菜! • 你还真行。 • 像树叶似的 • 谁知道呢!
UNIT 12 我还是喜欢中国的民歌。 나는 중국 민요를 더 좋아해.	음악	좋아하는 가수 및 노래에 대해 말할 수 있다. 배우고 싶은 중국 노래에 대해 말할 수 있다.	• 叫什么来着? • 听你的口气 • 那才有意思呢!
UNIT 13 找一座有名的山去爬。 명산으로 등산을 가.	명절	중국과 우리나라의 전통 절기 및 그 활동을 소개할 수 있다.	• 又买面包，又买矿泉水。 • 要是我没猜错的话 • 遗憾的是 • 把这一天定为敬老日。
UNIT 14 我们想了解一下儿留学生的周末生活。 우리는 유학생의 주말 생활을 알아보고 싶어요.	취미, 인터뷰	자신의 취미 및 주말 생활에 대해 자유롭게 말할 수 있다.	• 告诉你。 • 我就说到这儿吧! • 那她可美坏了! • 你饶了我吧。
UNIT 15 看看中国人怎样过春节。 중국인들이 어떻게 춘절을 보내는지 봐.	명절	중국 춘절과 우리나라의 설날을 비교하여 말할 수 있다.	• 商店里就先忙上了。 • 这样的例子多着呢! • 大过年的

구성과 활용

본 책

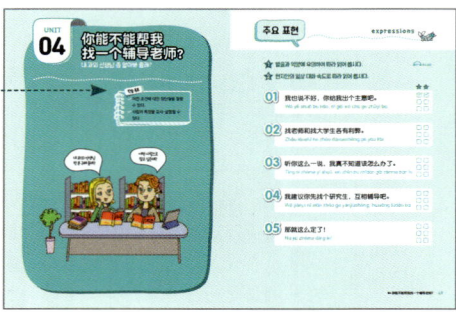

학습 목표
그림을 통해 해당 과에서 배울 내용을 제시하였습니다.
그림과 인물들이 나누는 대화를 통해 어떤 내용이 나올지 유추해 봅시다.

주요 표현
본격적인 학습에 들어가기 전에 해당 과에서 꼭 알아두어야 할 주요 문장을 제시하였습니다. 녹음을 듣고 어조에 유의하여 속도를 점점 빠르게 하여 읽어봅시다.

본문 대화
현지 중국인들의 생생한 일상을 대화문으로 구성하고 대화 내용을 함축한 삽화를 제시하였습니다.
MP3를 듣고 따라 읽으며 자연스러운 중국어를 익힐 수 있습니다.

확인 문제
본문 대화의 주요 내용을 확인할 수 있는 문제를 제시하였습니다.

새 단어
본문에 나오는 새 단어를 정리했습니다. 본문을 보며 단어를 바로바로 확인하여 내용 이해를 도울 수 있습니다.

본문 해설
본문 대화 속 중요한 표현을 알기 쉽게 설명했습니다. 실용적인 예문을 통해 중국어의 어법과 관용구의 쓰임을 이해하고 익힐 수 있습니다.

TIP
더 알아두면 좋은 내용을 정리하여 추가적인 학습을 할 수 있습니다.

교체 연습

본문에 나오는 주요 문장을 다양한 어휘로 바꾸어 제시하였습니다. 반복적으로 연습함으로써 자연스럽게 문형을 익힐 수 있습니다.

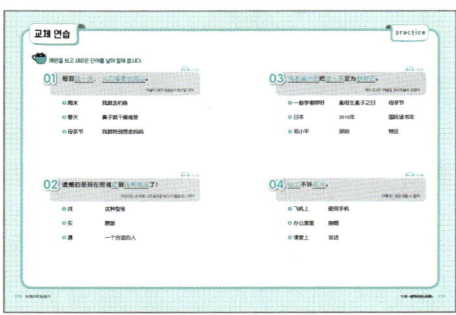

추가 단어

본문에서 배우지 않은 단어를 정리하여 어휘력을 높일 수 있습니다.

플러스 문화 & 어휘

풍부한 사진과 설명을 통해 다양한 중국 문화를 이해할 수 있고, 플러스 어휘를 통해 추가적으로 어휘를 학습할 수 있습니다.

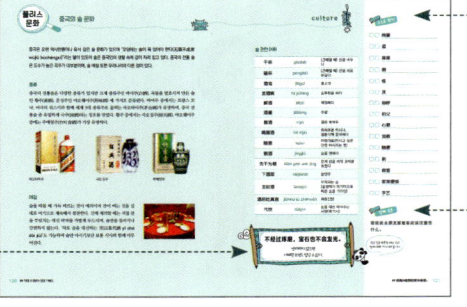

스스로 확인

본문에 나온 중요한 단어를 모아 제시하였습니다. 단어를 보고 뜻을 생각해 보며 스스로 실력을 점검할 수 있습니다.

유익한 한마디

속담이나 명언을 통해 한 과를 마무리합니다.

함께 토론

본문 내용을 종합한 문제를 제시하였습니다. 실제 상황에 맞게 중국어로 이야기할 수 있는 힘을 기를 수 있습니다.

연습 문제

본 책에서 배운 내용을 新HSK 5급 듣기·독해·쓰기 형식의 문제로 제시하였습니다. 문제를 통해 학습한 내용을 복습하면서 新HSK 유형에도 익숙해질 수 있습니다.

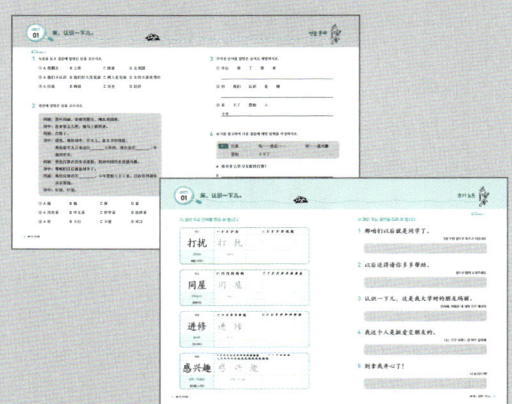

쓰기 노트

주요 단어와 주요 표현을 써볼 수 있게 하였습니다. 내용을 복습함과 동시에 중국어 간체자를 연습할 수 있습니다.

등장 인물

메리

玛丽 Mǎlì
미국에서 갓 온 유학생

왕펑

王峰 Wáng Fēng
데이비드의 중국인 친구, 역사학과

데이비드

大卫 Dàwèi
메리의 대학 친구

다나카

田中 Tiánzhōng
데이비드의 룸메이트, 역사학과 학생

안나

朴安娜 Piáo Ānnà
메리의 친구, 성격이 활달한 한국인

리양

李阳 Lǐ Yáng
데이비드가 영어를 가르치는 학원의 중국인 학생

왕 선생님

王老师 Wáng lǎoshī
유학생 사무실 선생님

왕펑의 부모님

王父、王母 Wángfù、Wángmǔ
왕펑의 부모님

<신한어구어 5>의 주인공들을 소개합니다.

중국어뱅크
北京大学
신한어구어 5

UNIT 01 来，认识一下儿。

자, 인사해.

학습 목표
- 다양한 인사 표현을 자유롭게 말할 수 있다.
- 친구를 소개할 수 있다.

주요 표현

expressions

⭐ 발음과 억양에 유의하여 따라 읽어 봅시다.

⭐ 현지인의 일상 대화 속도로 따라 읽어 봅시다.

01 那咱们以后就是同学了。
Nà zánmen yǐhòu jiù shì tóngxué le.

02 以后还得请你多多帮助。
Yǐhòu hái děi qǐng nǐ duōduō bāngzhù.

03 认识一下儿，这是我大学时的朋友玛丽。
Rènshi yíxiàr, zhè shì wǒ dàxué shí de péngyou Mǎlì.

04 我这个人是挺爱交朋友的。
Wǒ zhège rén shì tǐng ài jiāo péngyou de.

05 别拿我开心了！
Bié ná wǒ kāixīn le!

본문 대화

 메리가 데이비드의 기숙사에 찾아갔다.　　　　　MP3 01-01

(메리가 문을 두드린다)

다나카　哪位？

메리　请问，大卫同学是在这儿住吗？

다나카　是啊，可他现在不在，出去了。你是……

메리　我叫玛丽，是他的朋友，刚从美国来。

다나카　进来坐会儿吧，他马上就回来。

메리　打扰了。

dialogues

　　　　　(방으로 들어간다)

다나카　请坐。我姓田中，日本人，是大卫的同屋。我是前年九月来这所大学的，现在是历史系二年级的学生。

메리　　我也打算在历史系进修。我对中国历史很感兴趣。

다나카　那咱们以后就是同学了。

메리　　我的汉语还不行，今年恐怕入不了系，以后还得请你多多帮助。

다나카　好说，好说。

★ 메리는 무엇에 관심이 많습니까?

刚 gāng 부 막, 바로 | 打扰 dǎrǎo 동 폐를 끼치다 | 同屋 tóngwū 명 룸메이트 | 历史系 lìshǐxì 명 역사학과 | 打算 dǎsuan 동 ~하려고 하다, ~할 작정이다 | 进修 jìnxiū 동 연수하다 | 感兴趣 gǎn xìngqù 흥미를 느끼다 | 恐怕 kǒngpà 부 (나쁜 결과를 예상해서) 아마 ~일 것이다 | 入系 rù xì 학과에 입학하다 | 得 děi 조동 (마땅히) ~해야 한다

본문 대화

 **대화 2** 데이비드가 중국 친구 왕펑과 함께 돌아왔다.　　　MP3 01-03

메리	大卫！还认识我吗？
데이비드	玛丽！是你啊！好久不见了！什么时候来的？怎么也不告诉我一声儿？
메리	我想让你大吃一惊。怎么样？没想到我们会在这儿见面吧？
데이비드	是啊！(왕펑과 다나카를 부르며) 来，认识一下儿，这是我大学时的朋友玛丽，(메리에게) 这是我的中国朋友王峰。
메리	你好！
왕펑	你好！
데이비드	(다나카를 가리키며) 这是……
메리	他是你的同屋，叫田中，是日本人，历史系的留学生。
데이비드	(놀라며) 你怎么知道？
메리	我们是刚认识的。
데이비드	你还是和以前一样，跟谁都爱交朋友，和我这位中国朋友差不多，是吧，王峰？

dialogues

왕평　(메리에게) 我这个人是挺爱交朋友的，以后有什么要帮忙的，找我好了。

데이비드　对，以后你有什么事就问他，他什么都知道。

왕평　那我也比不上你，你是有名的"中国通"啊。

데이비드　别拿我开心了！

★ 메리와 왕평의 공통점은 무엇입니까?

 새 단어

MP3 01-04

大吃一惊 dàchī yìjīng 몹시 놀라다 | 没想到 méi xiǎngdào 생각지 못하다, 뜻밖이다 | 和……一样 hé……yíyàng ~와 같다 | 交 jiāo 동 사귀다 | 挺……的 tǐng……de 매우 ~하다 | 比不上 bǐ bu shàng 비교할 수 없다, ~보다 못하다 | 中国通 Zhōngguótōng 명 중국통(중국에 대해 잘 알고 있는 사람, 중국 전문가) | 拿……开心 ná……kāixīn ~을 놀리다, ~을 희롱하다

01 来，认识一下儿。　17

본문 해설

1. 打扰了。 실례합니다.

남에게 폐를 끼쳐서 미안한 마음을 나타낼 때 쓰는 표현입니다. 打扰您了라고도 말할 수 있습니다.

예) 对不起, 打扰了。
죄송합니다, 폐를 끼쳤네요.

打扰您了, 请问一下, 地铁站怎么走?
실례합니다, 말씀 좀 여쭐게요. 지하철역은 어떻게 가나요?

2. 我对中国历史很感兴趣。 저는 중국 역사에 관심이 아주 많아요.

对……很感兴趣는 '~에 아주 관심이 많다'는 의미로 취미나 관심사에 대해 말할 때 자주 쓰는 표현입니다.

예) 我对中国画儿很感兴趣。
나는 중국 그림에 아주 관심이 많다.

他对高尔夫球很感兴趣。
그는 골프에 아주 관심이 많다.

3. 今年恐怕入不了系。 올해는 아마 입학을 못할 것 같아요.

……不了는 동사 뒤에 쓰여 동작의 실현이나 완료가 불가능함을 나타냅니다.

예) 这面包我一个人吃不了。
이 빵은 나 혼자서는 다 못 먹는다.

……得了로 쓰이면 가능을 나타냅니다.

예) 今年收的礼物一只手数得了!
올해 받은 선물은 한 손으로도 셀 수 있어!

4. 好说。 문제없어요. / 걱정할 필요 없어요.

'문제없다', '기꺼이 돕겠다'는 뜻으로 남이 도움을 청했을 때 흔쾌히 대답하는 표현입니다. 두 번 반복하여 쓰면 더 공손한 표현이 됩니다.

예 A 我想请你帮我买一张明天去上海的飞机票。
　　　내일 상하이행 비행기 표 한 장을 사달라고 부탁드리고 싶어요.

　　B 好说, 好说。
　　　문제없죠.

　　A 那么这个案子就拜托您了。
　　　그럼 이 사건을 좀 부탁드릴게요.

　　B 好说, 好说。
　　　걱정할 필요 없어요.

5. 别拿我开心了! 나 놀리지 마!

拿……开心 '~(사람)을/를 놀리다'라는 뜻으로 서로 친한 사이에 쓰는 말입니다.

예 他们这些人, 总爱拿老李开心。
　　그들은 언제나 라오리를 놀리기 좋아한다.

　　你们别拿小张开心了。
　　너희는 샤오장을 놀리지 마라.

교체 연습

예문을 보고 새로운 단어를 넣어 말해 봅시다.

01 我叫<u>玛丽</u>，<u>刚从美国来</u>。

저는 메리라고 해요. 얼마 전에 미국에서 왔어요.

❶ 田中　　是大卫的同屋

❷ 王峰　　是中国人

❸ 大卫　　是这所大学的留学生

02 我对<u>中国历史</u>很感兴趣。

저는 중국 역사에 관심이 아주 많아요.

❶ 心理学

❷ 服装设计*

❸ 画画

设计 shèjì 명 디자인

practice

MP3 01-07

03 认识一下儿，这是<u>我大学时的朋友</u>玛丽，这是<u>我的中国朋友</u>王峰。

인사해. 이쪽은 내 대학 친구 메리, 이쪽은 내 중국 친구 왕펑이야.

① 我大学的师妹　　　我最好的哥们儿

② 我的同事　　　　　我的贸易伙伴

③ 我的美国朋友　　　房东

MP3 01-08

04 我们是<u>刚认识</u>的。

우리는 방금 알게 되었어.

① 新来

② 住这儿

③ 一起长大

플러스 어휘 — 학교

校园 xiàoyuán 캠퍼스

学生食堂 xuéshēng shítáng 학생 식당

学生活动中心 xuéshēng huódòng zhōngxīn 학생 회관

公告板 gōnggàobǎn 게시판

投影机 tóuyǐngjī 빔 프로젝터

黑板 hēibǎn 칠판

板擦 bǎncā 칠판 지우개

粉笔 fěnbǐ 분필

彩色粉笔 cǎisè fěnbǐ 색 분필

课程表 kèchéngbiǎo 수업 시간표

毕业证书 bìyè zhèngshū 졸업 증서

学生证 xuéshēngzhèng 학생증

대학 및 학위 관련 어휘

大专	dàzhuān	전문 대학
学院	xuéyuàn	단과 대학
学历	xuélì	학력
学位	xuéwèi	학위
大学本科	dàxué běnkē	대학 본과
学士	xuéshì	학사
研究生院	yánjiūshēngyuàn	대학원
研究生	yánjiūshēng	대학원생
硕士	shuòshì	석사
博士	bóshì	박사
名牌大学	míngpái dàxué	명문 대학
重点大学	zhòngdiǎn dàxué	중점 대학
奖学金	jiǎngxuéjīn	장학금

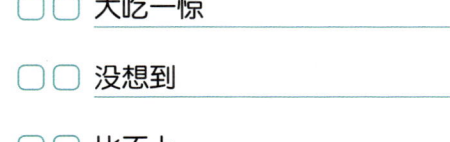

스스로 확인

- ☐☐ 刚
- ☐☐ 打扰
- ☐☐ 同屋
- ☐☐ 历史系
- ☐☐ 打算
- ☐☐ 进修
- ☐☐ 感兴趣
- ☐☐ 恐怕
- ☐☐ 入系
- ☐☐ 得
- ☐☐ 大吃一惊
- ☐☐ 没想到
- ☐☐ 比不上
- ☐☐ 中国通
- ☐☐ 拿……开心

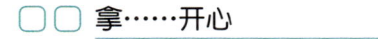

함께 토론

两个人一组，向对方介绍一下自己的朋友。

친구를 소개해 봅시다.

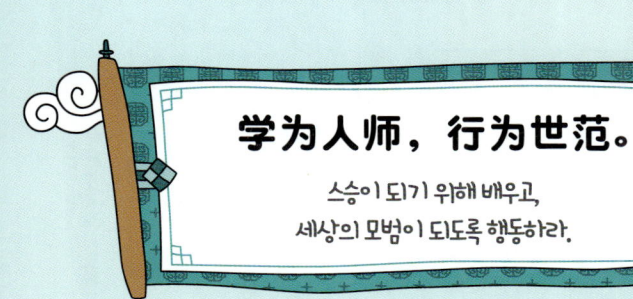

学为人师，行为世范。

스승이 되기 위해 배우고,
세상의 모범이 되도록 행동하라.

UNIT 02 我原来想选五门课呢！

나는 다섯 과목을 신청하려고 했어!

학습 목표
- 수강 신청과 관련된 표현을 자유롭게 말할 수 있다.
- 듣고 싶은 과목에 대해 말할 수 있다.

주요 표현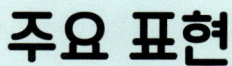

expressions

⭐ 발음과 억양에 유의하여 따라 읽어 봅시다.

⭐ 현지인의 일상 대화 속도로 따라 읽어 봅시다.

MP3 02-00

01 我可以选几门课啊？
Wǒ kěyǐ xuǎn jǐ mén kè a?

02 有没有中国历史方面的课？
Yǒu méiyǒu Zhōngguó lìshǐ fāngmiàn de kè?

03 除了必修课，我选了两门课。
Chúle bìxiūkè, wǒ xuǎn le liǎng mén kè.

04 这还多啊？我原来想选五门课呢！
Zhè hái duō a? Wǒ yuánlái xiǎng xuǎn wǔ mén kè ne!

05 老师还对我说不要"急于求成"。
Lǎoshī hái duì wǒ shuō búyào "jí yú qiú chéng".

본문 대화

 대화1 메리가 수강 신청을 하기 위해 사무실에 갔다.　🎧 MP3 02-01

메리　(사무실로 들어가며) 请问，现在可以选课吗？

왕 선생님　今天不行，明天中午在教学楼的一层选课。

메리　我是汉语九班的学生，可以选什么课？

왕 선생님　你先看一下外面的课表，上面都有介绍，然后再来选课。

메리　我可以选几门课啊？

왕 선생님　除了汉语课和口语课，选修课不能超过两门。

메리　我对中国历史很感兴趣，有没有中国历史方面的课？

왕 선생님　有一门"中国概况"比较适合你，还有一门"中国历史讲座"，可以选修，也可以旁听。

메리　选课限制人数吗？

왕 선생님　有的课限制人数。

메리　要是我喜欢的课报名人数多怎么办？

왕 선생님　那只有一个办法。

dialogues

메리	什么办法？
왕 선생님	早点儿去选。
메리	好吧。顺便问一下儿，可以在网上选课吗？
왕 선생님	现在还不行，因为一些留学生的汉语水平还不高，网上选课有困难。
메리	明白了。谢谢您。
왕 선생님	不客气！

★ 메리는 언제 수강 신청을 할 수 있습니까?

选课 xuǎnkè 동 수강 신청을 하다 | 教学楼 jiàoxuélóu 명 강의동 | 课表 kèbiǎo 명 수업 시간표 | 门 mén 양 과목, 가지[학문·기술 따위의 항목을 세는 단위] | 除了 chúle 접 ~을 제외하고 | 选修课 xuǎnxiūkè 명 교양 과목 | 超过 chāoguò 동 초과하다 | 方面 fāngmiàn 명 방면, 분야 | 概况 gàikuàng 명 개황 | 适合 shìhé 동 적합하다, 알맞다 | 讲座 jiǎngzuò 명 강좌 | 旁听 pángtīng 동 청강하다 | 限制 xiànzhì 동 제한하다, 한정하다 | 人数 rénshù 명 사람 수 | 报名 bàomíng 동 등록하다, 신청하다 | 顺便 shùnbiàn 부 ~하는 김에 | 网 wǎng 명 인터넷

본문 대화

 대화2 메리가 식당에서 다나카를 만났다.

메리	这儿有人坐吗？
다나카	没人，你坐吧。
메리	你是田中吧？还记得我吗？
다나카	你是……，噢！我想起来了，你是刚来的，叫……安娜？
메리	哪儿啊，我叫玛丽。
다나카	不好意思。你开始上课了吧？选了几门课？
메리	除了必修课，我选了两门课。我还想旁听两门课。
다나카	每周上多少节课？
메리	二十四节。
다나카	真不少。
메리	这还多啊？我原来想选五门课呢！老师说太多了，只让我选两门。
다나카	我同意。刚来就上那么多课，你会感到吃力的。

dialogues

메리 老师还对我说不要"急于求成"。这是什么意思?

다나카 老师的意思是说,你别想一口吃成胖子。

메리 谁想吃成胖子啊!

★ 메리는 일주일에 수업이 몇 시간 있습니까?

새 단어

记得 jìde 동 기억하고 있다 | 不好意思 bù hǎoyìsi 미안합니다, 죄송합니다 | 必修课 bìxiūkè 명 필수 과목 | 吃力 chīlì 형 힘들다, 힘겹다 | 急于求成 jí yú qiú chéng 성 서둘러 목적을 달성하려 하다 | 一口吃成胖子 yìkǒu chī chéng pàngzi 첫술에 배부르다, 단숨에 목적을 이루려 한다 | 胖子 pàngzi 명 뚱보

본문 해설

1. 哪儿啊。 아니야.

상대방이 말한 것이 사실과 일치하지 않을 때 사용하는 표현으로, 가까운 사람과 격의 없이 자주 쓰입니다.

예 A 你为什么又迟到了？睡懒觉了吧？
　　너 왜 또 지각했어? 늦잠 잤구나?

　B 哪儿啊，路上堵车了。
　　아니야, 길이 막혔어.

　A 这字是你写的吗？真漂亮！
　　이 글자 네가 쓴 거야? 정말 잘 썼다!

　B 哪儿啊，是老师写的。
　　아니야, 선생님이 쓰신 거야.

2. 除了必修课，我选了两门课。 필수 과목 제외하고 두 과목 신청했어.

除了……(以外)，……는 '~외에 ~하다'라는 뜻으로, 제기한 부분이 어떤 범위에 포함되지 않음을 나타냅니다.

예 除了香菜，我什么菜都吃。
　　샹차이를 제외하고는 나는 어떤 음식이든 다 먹는다.

뒤에 还, 也, 都 등이 와서 호응하여 추가나 배제를 나타냅니다.

예 除了她以外，我们班还有三个女生。
　　그녀 외에 우리 반에는 세 명의 여학생이 있다.

　除了我以外，大家都回家了。
　　나 외에는 모두 집에 돌아갔다.

3. 这还多啊? 이게 많아?

这还……啊?는 반문의 형식으로 부정을 나타냅니다. 这不……(이것은 ~하지 않다)의 의미입니다.

예 A 二百块? 太贵了!
　　　200위안이요? 너무 비싸요!

　　B 这还贵啊? 别的商店卖二百四呢!
　　　이게 비싸다고요? 다른 가게에서는 240위안에 파는 걸요!

　　A 这件衣服太小了。
　　　이 옷은 너무 작아.

　　B 这还小啊, 我觉得紧一点的才好看。
　　　이게 작다고? 나는 딱 맞게 입는 게 보기 좋은 것 같은데.

4. 谁想吃成胖子啊! 누가 뚱보가 되겠대!

谁想……啊 역시 반문의 형식으로 谁都不想……(누구도 ~하고 싶지 않다) 또는 我可不想……(나는 결코 ~하고 싶지 않다)의 뜻입니다. 다소 불만스러운 어조를 띤 표현입니다.

예 A 你想不想和你的老板一起去旅行?
　　　당신은 당신 사장님과 함께 여행 가고 싶어요?

　　B 谁想和他那样的人出去玩儿啊?
　　　그런 사람과 놀러 가고 싶은 사람이 어디 있겠어요?

교체 연습

예문을 보고 새로운 단어를 넣어 말해 봅시다.

01 请问，现在可以<u>选课</u>吗?

실례합니다. 지금 수강 신청을 할 수 있나요?

❶ 报名

❷ 办手续

❸ 交房费

02 你先<u>看一下外面的课表</u>，然后再来<u>选课</u>。

먼저 밖의 시간표를 좀 보고 다시 와서 수강 신청을 하세요.

❶ 交一下儿款　　　拿书

❷ 学学　　　　　教大家

❸ 打听打听　　　告诉我

practice

🎧 MP3 02-07

03 除了<u>汉语课和口语课</u>，<u>选修课不能超过两门</u>。

중국어 수업과 회화 수업을 제외하고 선택 과목은 두 과목을 초과해서는 안 돼요.

① 包子和饺子　　　还有面条儿

② 黑的和蓝的　　　都可以

③ 纸巾　　　　　　都不用买

🎧 MP3 02-08

04 顺便问一下儿，<u>可以在网上选课吗</u>？

여쭙는 김에 말인데, 인터넷에서 수강 신청을 할 수 있나요?

① 几点开始上第一节课

② 在哪儿能买到这本书

③ 山顶上有没有洗手间

플러스 문화: 중국의 위대한 발명품

제지술(造纸术 zàozhǐshù), 나침반(指南针 zhǐnánzhēn), 화약(火药 huǒyào), 인쇄술(印刷术 yìnshuāshù) 이 네 가지를 중국 고대의 4대 발명(四大发明 sìdà fāmíng)이라 한다. 4대 발명은 중국은 물론 전 세계에 큰 영향을 끼쳐 인류 사회의 발전에 위대한 공헌을 했다.

제지술

중국의 문자 기록은 거북이의 등껍질과 짐승의 뼈에 글자를 세기는 갑골문에서 시작되었다. 그 후 죽간이나 목판, 비단 등에 기록하는 방법으로 발전되었지만 간편하지 않고 비싸서 일반 백성들은 사용할 수 없었다. 이에 후한 시대 환관이었던 채륜(蔡伦)이 이전 제지술의 제조 경험을 바탕으로 나무껍질, 마 등을 원료로 하여 값이 싸고 편리한 제지술을 발명해 냈다.

나침반

톱니바퀴를 이용하여 수레의 목상이 남쪽을 가리키게 만든 지남차(指南车), 천연 자석을 국자 모양으로 만들어 남쪽을 가리키게 하는 사남(司南) 등을 통해 중국인들이 일찍이 자석의 원리를 이용해 초보적인 나침반을 만들어 사용했음을 알 수 있다. 11세기 송나라의 과학자 심괄(沈括)이 저서《몽계필담》에 자침이 남북을 가리킨다는 것을 최초로 기술하였으며, 12세기 주욱(朱彧)의《평주가담》에 항해에 나침반을 이용한 기록이 전해진다. 나침반의 발명은 이후 신대륙 발견에 큰 기여를 했다.

화약

화약은 연단술사들이 초석, 유황, 숯을 가지고 단약을 제조하는 과정에서 발견한 것으로 이것이 군사 무기로 쓰이기 시작한 것은 8세기 이후이다. 이후 송나라 시대에 이르러 화창(火枪), 화전(火箭), 벽력포(霹雳炮) 등의 화약 무기로 발전되었다.

인쇄술

날인과 탁본에서 발전된 조판인쇄술은 목판에 문자를 양각하여 그 위에 먹을 바르고 종이를 덮어 탁본하는 방법이다. 11세기 중국의 필승(毕昇)이 활자 인쇄술의 시초인 점토에 글자를 새겨 만든 활자를 이용한 진흙활자를 발명하였고 그 후로 활자 인쇄술이 널리 보급되었다. 인쇄술의 발달은 지식의 확대, 전승과 문화 전파에 크게 기여하였다.

스스로 확인

- ☐☐ 选课
- ☐☐ 教学楼
- ☐☐ 课表
- ☐☐ 门
- ☐☐ 除了
- ☐☐ 适合
- ☐☐ 旁听
- ☐☐ 限制
- ☐☐ 报名
- ☐☐ 顺便
- ☐☐ 网
- ☐☐ 记得
- ☐☐ 吃力
- ☐☐ 急于求成
- ☐☐ 胖子

함께 토론

请说说你最想上的课。

듣고 싶은 과목에 대해 이야기해 봅시다.

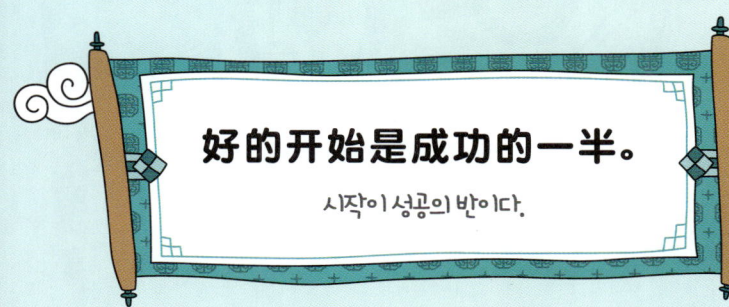

好的开始是成功的一半。

시작이 성공의 반이다.

UNIT 03 慢慢就习惯了。

천천히 익숙해질 거야.

학습 목표
- 자신의 생활 습관과 타인의 생활 습관을 비교하여 말할 수 있다.

주요 표현

expressions

⭐ 발음과 억양에 유의하여 따라 읽어 봅시다.

⭐ 현지인의 일상 대화 속도로 따라 읽어 봅시다.

MP3 03-00

01 我刚来中国，很多地方还不大习惯。
Wǒ gāng lái Zhōngguó, hěn duō dìfang hái bú dà xíguàn.

02 你比我强多了。
Nǐ bǐ wǒ qiáng duō le.

03 我来中国时间长了，有时中午也睡一会儿。
Wǒ lái Zhōngguó shíjiān cháng le, yǒushí zhōngwǔ yě shuì yíhuìr.

04 你不用怕，慢慢就习惯了。
Nǐ búyòng pà, mànmàn jiù xíguàn le.

05 我就知道你会说这句。
Wǒ jiù zhīdào nǐ huì shuō zhè jù.

본문 대화

 대화1 데이비드가 오랜만에 만난 메리에게 안부를 묻는다.

데이비드	玛丽，几天没见，你好像瘦了？
메리	是瘦了点儿。
데이비드	怎么了？是不是第一次出远门儿，有点儿想家？
메리	哪儿啊，我刚来中国，很多地方还不大习惯。
데이비드	我知道了，一定是早上八点上课，起不来。
메리	真让你说对了。
데이비드	晚上娱乐活动少，又没有朋友在一起聊天儿，电视也看不懂，除了学习就是睡觉。
메리	你怎么知道得那么清楚？
데이비드	我刚来的时候，跟你一样。不瞒你说，来中国的第一个月，我的体重一下子减了三公斤。
메리	这么说我比你还强点儿？
데이비드	你比我强多了。很多人刚来的时候都不太适应，慢慢就习惯了。

dialogues

메리   还有，很多中国人有午休的习惯，有时候我想找朋友或者去办公室，都找不着人，真觉得不方便。

데이비드   我来中国时间长了，有时中午也睡一会儿。

메리   怪不得中午看不到你，原来你躲在宿舍里睡大觉。

★ 메리는 왜 살이 빠졌습니까?

瘦 shòu 형 마르다, 여위다 | 出远门儿 chū yuǎnménr 고향을 떠나 먼 곳으로 가다 | 娱乐 yúlè 명 오락, 즐거움 | 聊天儿 liáotiānr 동 한담하다, 잡담을 하다 | 瞒 mán 동 감추다, 속이다 | 体重 tǐzhòng 명 체중 | 强 qiáng 형 우월하다 | 适应 shìyìng 동 적응하다 | 午休 wǔxiū 동 점심 휴식을 취하다 | 怪不得 guàibude 부 과연, 어쩐지 | 原来 yuánlái 부 알고 보니 | 躲 duǒ 동 숨다

본문 대화

 **대화 2** 데이비드가 메리에게 조언을 해 준다.

 MP3 03-03

데이비드: 你中午可以出去转转啊！我有时候也去学校附近的商场买点儿东西，商场中午人比较少。

메리: 可我没有自行车啊！

데이비드: 你可以走着去嘛！商场离学校不远。中国有句俗话："饭后百步走，能活九十九。"

메리: 那你有空儿带我去一趟好吗？有的商场售货员说话挺快的，还有口音，我听不懂。

데이비드: 你不用怕，慢慢就习惯了。

메리: 我最怕课间的时候在校园里走路，有的人骑车带着人，在人群里钻来钻去，有时候冲着你就过来了。遇上这种人，你说该怎么办？

데이비드: 这个嘛……，你慢慢就习惯了。

메리: 对我来说，最不习惯的是跟一个有不同生活习惯的人住同一个房间。我睡得早，她睡得晚，可开着灯我就睡不着。

데이비드 这个嘛……

메리, 데이비드 你慢慢就习惯了。

메리 我就知道你会说这句。

★ 메리가 가장 익숙해지지 않는 것은 무엇입니까?

새 단어

嘛 ma 조 어기조사[조언, 휴지] | 俗话 súhuà 명 속담 | 饭后百步走，能活九十九 fàn hòu bǎi bù zǒu, néng huó jiǔshíjiǔ 식사 후에 백 보를 걸으면 99세까지 살 수 있다 [식후에 운동을 하면 건강에 좋다는 뜻] | 空儿 kòngr 명 틈, 짬, 겨를 | 趟 tàng 양 차례, 번[왕래하는 횟수를 세는 단위] | 口音 kǒuyīn 명 사투리 | 课间 kèjiān 명 쉬는 시간 | 钻 zuān 동 뚫다, 뚫고 들어가다 | 冲 chòng 동 향하다, ~을 대하다 | 遇上 yùshang (어떤 사람이나 사건과) 만나다, 부딪히다

본문 해설

1. 除了学习就是睡觉。 공부하는 것 아니면 잠만 잘 수밖에.

除了……就是……는 '~를 제외하면 ~이다', '~아니면 ~이다'라는 뜻으로, 반드시 두 가지 상황 중 하나에 해당함을 나타냅니다.

예 他每天除了吃饭，就是坐在电脑前。
그는 매일 밥 먹는 걸 제외하면 컴퓨터 앞에 앉아 있는다.

刚生下来的孩子，除了吃就是睡。
막 태어난 아이는 먹는 일을 제외하고는 잠만 잔다.

2. 不瞒你说 솔직히 말하면

자신이 신뢰하고 비교적 가까운 사람에게 다소 민망하거나 공개하기 어려운 이야기를 터놓고 말할 때 쓰는 표현입니다. 说实话(사실을 말하면), 说真的(진심을 말하면)와 비슷한 의미입니다.

예 A 你今天吃得很少。
너 오늘 적게 먹는구나.

B 不瞒你说，我现在正在减肥。
솔직히 말하면, 나 지금 다이어트 중이야.

3. 这么说 그 말은 그럼, 그렇다면

대화 중에 상대방이 말한 것에 대해 판단을 내릴 때 쓰입니다.

예 A 老师刚才打电话来，说他病了。
선생님께 방금 전화가 왔는데, 병이 나셨대.

B 这么说，今天不上课了?
그 말은 그럼 오늘 수업을 안 한다는 거야?

grammar

4. 怪不得中午看不到你，原来你躺在宿舍里睡大觉。
어쩐지 점심 때 네가 안 보이더라니, 기숙사에서 실컷 자고 있었구나.

怪不得는 '어쩐지'라는 뜻으로, 일어난 사건의 원인이 밝혀져 더 이상 이상하게 여기지 않을 때 쓰는 표현입니다. 원인을 나타내는 문장 앞에는 原来가 와서 호응합니다.

예 **怪不得他没来，原来他病了。**
어쩐지 그가 안 왔다 했는데, 알고 보니 병이 났었구나.

怪不得这么贵，原来是外国货。
왜 이리 비싼가 했더니, 알고 보니 외제로군요.

5. 对我来说 나한테는

对……来说는 '어떤 사람이나 사물의 측면에서 볼 때'라는 뜻입니다.

예 **对外国人来说，这个饭馆的菜太油了。**
외국인에게 이 식당의 음식은 너무 느끼하다.

对你来说，汉语什么方面最难？
너에게 있어서 중국어는 어떤 면이 가장 어렵니?

对学一门语言来说，更不能急于求成。
언어를 배우는 데 있어서 더욱 성급하게 성공을 바라서는 안 된다.

6. 我就知道你会说这句。 네가 그 말 할 줄 알았어.

我就知道……는 자신이 어떤 일에 대한 결과를 일찌감치 예상했을 때 쓰는 표현입니다.

예 A **我们足球队输了。**
우리 축구팀이 졌어.

B **我就知道我们会输，对方是全市冠军队啊。**
나는 우리가 질 줄 알았어, 상대편은 시(市) 우승 팀이잖아.

교체 연습

 예문을 보고 새로운 단어를 넣어 말해 봅시다.

01 你比我强多了。

네가 나보다 훨씬 낫지.

① 高

② 瘦

③ 漂亮

02 你可以走着去嘛!

걸어서 가도 되잖아!

① 站　　吃

① 躺　　听

① 坐　　说

practice

MP3 03-07

03 <u>售货员说话</u><u>挺</u><u>快</u>的。

점원이 하는 말은 매우 빨라.

① 这儿的衣服　　贵

② 这本书　　　　难懂

③ 这个电影　　　有意思

MP3 03-08

04 在<u>人群里</u><u>钻</u>来<u>钻</u>去。

인파 사이를 마구 뚫고 다녀.

① 花园里　　跑　　跑

② 房间里　　走　　走

③ 水里　　　游　　游

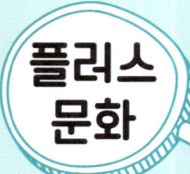

시 낭독하기, 정야사

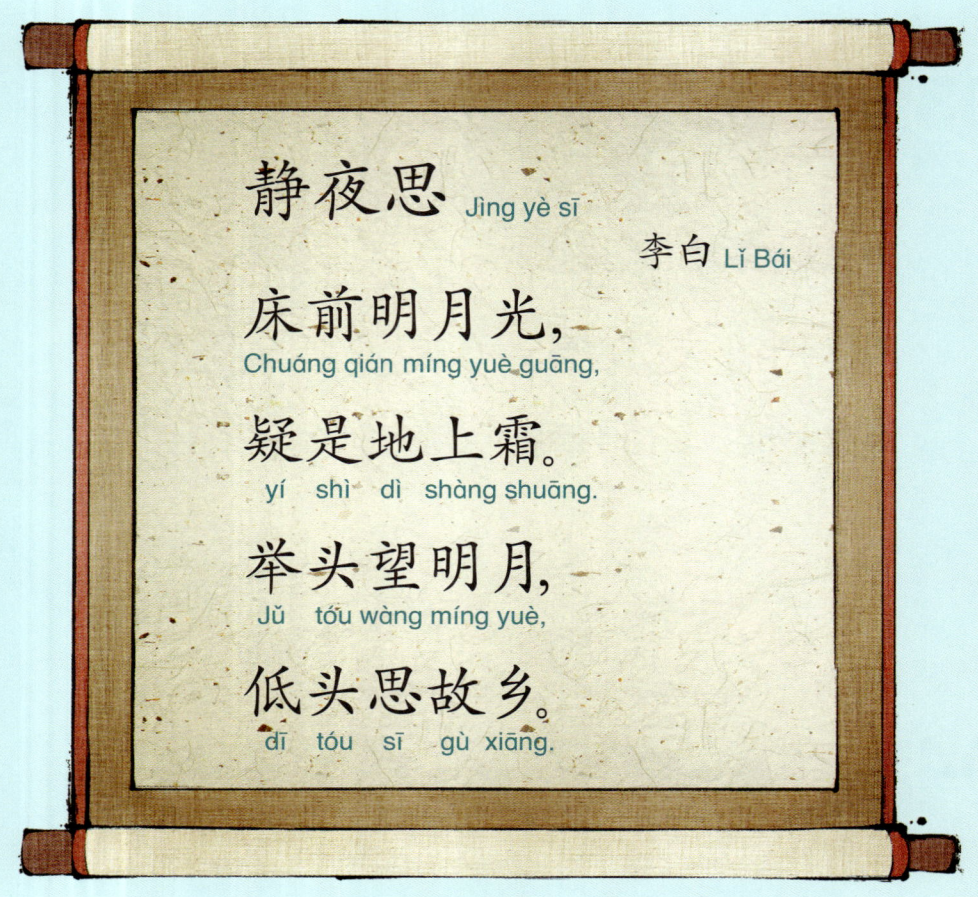

해석 고요한 밤의 향수

　　　　　　　　이백

침상 앞 밝은 달빛,

땅에 내린 서리인가 하였네.

고개 들어 밝은 달 바라보고,

고개 숙여 고향을 그리워하네.

단어 疑是 yíshì ~로 여기다 | 举头 jǔtóu 고개를 들다 | 低头 dītóu 고개를 숙이다 | 思 sī 그리워하다, 생각하다

작품 해설

이 시는 이백이 유랑할 당시 지은 시로, 고향을 그리워하는 마음이 잘 드러났다. 시인이 앞의 두 구에서 달빛을 서리로 착각한 모습이나 뒤의 두 구에서 고개를 들었다 숙이는 생동감 있는 동작 묘사를 통해 타향을 떠도는 나그네의 고독함과 고향에 대한 그리움을 잘 표현했다. 간결하고 소박한 표현에 담긴 깊은 여운을 느낄 수 있다. 송대 판본은 明月光을 看月光으로, 望山月을 望明月로 표기한다.

작가 소개

이백(李白 Lǐ Bái)은 당나라 시인으로 중국 최고의 시인으로 추앙되며 두보(杜甫)와 함께 이두(李杜)로 병칭된다. 시선(詩仙)이라 불리며, 1,100여 편의 작품이 현존한다.

스스로 확인

- [ ] [ ] 瘦
- [ ] [ ] 娱乐
- [ ] [ ] 聊天儿
- [ ] [ ] 瞒
- [ ] [ ] 强
- [ ] [ ] 适应
- [ ] [ ] 怪不得
- [ ] [ ] 原来
- [ ] [ ] 躲
- [ ] [ ] 俗话
- [ ] [ ] 口音
- [ ] [ ] 课间
- [ ] [ ] 钻
- [ ] [ ] 冲
- [ ] [ ] 遇上

함께 토론

请说说自己的生活习惯。

자신의 생활 습관에 대해 이야기해 봅시다.

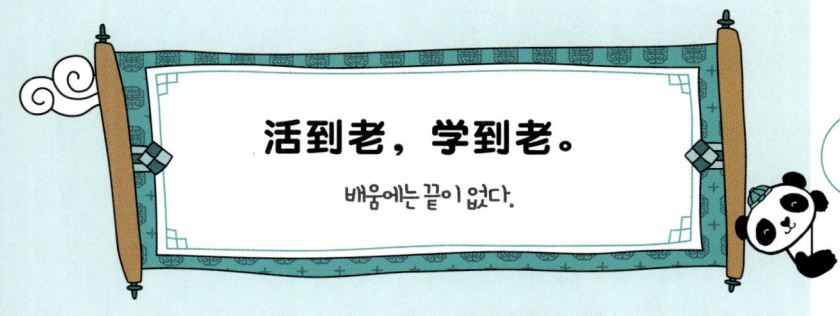

活到老，学到老。

배움에는 끝이 없다.

UNIT 04
你能不能帮我找一个辅导老师?

내 과외 선생님 좀 알아봐 줄래?

학습목표
- 어떤 조건에 대한 장단점을 말할 수 있다.
- 사람의 특징을 묘사·설명할 수 있다.

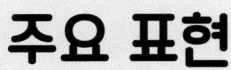

주요 표현

expressions

⭐ 발음과 억양에 유의하여 따라 읽어 봅시다.
⭐ 현지인의 일상 대화 속도로 따라 읽어 봅시다.

01 我也说不好，你给我出个主意吧。
Wǒ yě shuō bu hǎo, nǐ gěi wǒ chū ge zhǔyi ba.

02 找老师和找大学生各有利弊。
Zhǎo lǎoshī hé zhǎo dàxuéshēng gè yǒu lìbì.

03 听你这么一说，我真不知道该怎么办了。
Tīng nǐ zhème yì shuō, wǒ zhēn bù zhīdào gāi zěnme bàn le.

04 我建议你先找个研究生，互相辅导吧。
Wǒ jiànyì nǐ xiān zhǎo ge yánjiūshēng, hùxiāng fǔdǎo ba.

05 那就这么定了！
Nà jiù zhème dìng le!

본문 대화

 대화1 메리가 데이비드에게 과외 선생님을 알아봐 달라고 한다.　　MP3 04-01

데이비드　玛丽，开学两个星期了，学习方面你觉得怎么样？跟得上吗？

메리　还可以，老师讲的我差不多都能听懂，可是很多词语我不会用，所以急得要命。你能不能帮我找一个辅导老师？

데이비드　你想找什么样的呢？老师还是大学生？

메리　我也说不好，你给我出个主意吧。

데이비드　找老师和找大学生各有利弊：老师对你在课堂上学的内容比较了解，辅导的时候更有针对性，不过辅导费高一些；如果你只想复习上课学过的内容或是做一些练习，找个大学生或者研究生就行了，这样收费也不高，另外，有些中国学生喜欢和外国学生互相辅导，双方都不用付费。

메리　听你这么一说，我真不知道该怎么办了。

데이비드　我建议你先找个研究生，互相辅导吧。我的中国朋友很多，我帮你找。

dialogues

메리 那你快去吧！现在就去！

데이비드 看把你急得！等着吧，一有消息我就来告诉你。

★ 대학생이나 대학원생 과외 선생님의 장점은 무엇입니까?

跟上 gēnshang 뒤따르다, 따라붙다 | 要命 yàomìng 동 몹시 심하다, 죽을 지경이다 | 辅导 fǔdǎo 동 (학습·훈련 등을) 도우며 지도하다 | 各有利弊 gè yǒu lìbì 각각 장단점이 있다 | 针对性 zhēnduìxìng 명 정곡을 찌르는 성질, 겨냥하는 바 | 互相 hùxiāng 부 서로 | 该 gāi 조동 ~해야 한다 | 建议 jiànyì 동 건의하다 | 消息 xiāoxi 명 소식, 정보, 뉴스

본문 대화

 **대화2** 며칠 후, 데이비드와 왕펑이 메리를 찾아왔다. MP3 04-03

왕펑　玛丽，听大卫说，你想找个研究生互相辅导？

메리　是啊，找到了吗？我都等不及了。

데이비드　我找到了一个，可是不知道你满意不满意。

메리　你还没告诉我他是谁呢。

데이비드　是个男的，历史系的。

왕펑　他也喜欢打篮球，跟我一样。

메리　真的？我什么时候可以见到他？

왕펑　如果你想见他的话，现在就可以。

메리　那还等什么？咱们现在就赶快走吧！

데이비드　用不着走，他已经来了。

메리　来了？在哪儿？

데이비드　远在天边，近在眼前。

메리　远在天边，近在……你是说，王峰？

왕펑　怎么样？我够不够资格？

dialogues

메리: 当然够了！听大卫说，你是系里的高才生，我只怕辅导不了你呢。

왕펑: 帮我练练日常会话，对你来说不难吧？

메리: 那就这么定了！

데이비드: 哎，玛丽，我帮了你的大忙，你怎么谢我？

★ 데이비드가 메리에게 소개해 준 과외 선생님은 누구입니까?

새 단어

MP3 04-04

等不及 děngbují 동 기다릴 수 없다 | 满意 mǎnyì 형 만족하다, 만족스럽다 | 赶快 gǎnkuài 부 빨리, 얼른, 어서 | 用不着 yòng bu zháo 필요치 않다 | 远在天边, 近在眼前 yuǎn zài tiānbiān, jìn zài yǎnqián 찾으려는 사람이나 사물이 바로 자신의 앞에 있다 | 眼前 yǎnqián 명 눈앞, 현재 | 够 gòu 동 (일정한 정도·기준·수준에) 이르다, 도달하다 | 资格 zīgé 명 자격 | 高才生 gāocáishēng 명 우등생, 수재 | 日常 rìcháng 형 일상의, 일상적인 | 定 dìng 동 정하다, 결정하다, 확정시키다 | 帮忙 bāngmáng 동 일을 돕다

본문 해설

1. 急得要命。 너무 조급해.

要命은 ……得要命처럼 정도보어의 형태로 쓰여 정도가 심함을 나타냅니다.

예 **我现在饿得要命。** 나는 지금 배가 몹시 고프다.

我昨天受伤了，现在疼得要命。 나는 어제 다쳐서 지금 몹시 아프다.

2. 说不好。 잘 모르겠어.

명확하게 설명하거나 해명하기가 어렵다는 뜻입니다.

예 A **在哪儿买电脑最便宜？**
　　컴퓨터는 어디에서 사는 게 가장 싸지?

B **我也说不好，你最好多去几个商店看看。**
　　나도 잘 모르겠어, 아무래도 여러 가게를 돌며 살펴보는 것이 좋을 거야.

3. 听你这么一说 네가 그렇게 말하는 것을 들으니

상대방의 말을 근거로 추론을 하거나 판단을 내릴 때 사용하는 말입니다.

예 A **最近实在太忙，我的身体也不太好。**
　　요즘은 정말 너무 바빠서 몸도 별로 안 좋아.

B **听你这么一说，你是不想去旅行了？**
　　네가 그렇게 말하는 걸 보니, 너 여행 안 가고 싶은 거구나?

A **那个饭馆儿菜又差，服务态度又不好。**
　　그 식당은 음식도 별로고, 서비스 태도도 안 좋아.

B **听你这么一说，真不能去那个饭馆吃饭了。**
　　네 말을 들으니 정말로 그 식당에 가서 밥 못 먹겠다.

4. 看把你急得! 서두르는 것 하고는!

看把你……得는 상대방의 행동이 지나치거나 감정이 지나치게 드러남을 나타냅니다.

- 예 **看把你忙得! 星期六还工作?** 바쁜 것 하고는! 토요일에도 출근해?

    A **我拿到奖金了!** 나 장학금 받았어!
    B **真的? 看把你高兴得!** 정말? 기뻐하는 것 하고는!

5. 一有消息我就来告诉你。 소식이 있으면 바로 알려 줄게.

一……就……는 '~하자마자 ~하다'라는 뜻으로 하나의 동작이나 상황이 발생한 후에 곧바로 다른 상황이 발생함을 나타냅니다.

- 예 **她一下了班就回家了。** 그녀는 퇴근을 하자마자 바로 집에 간다.

또 '~하기만 하면 ~하다'라는 뜻으로 어떤 조건이 충족되기만 하면 어떤 결과가 발생함을 나타냅니다.

- 예 **我一看见他，心里就高兴。** 나는 그를 보기만 하면 마음이 즐겁다.

6. 那还等什么? 그럼 뭘 더 기다려?

什么는 동사나 형용사 뒤에 쓰여 부정의 의미를 나타내며 불만의 어조를 띱니다. 不要, 不의 뜻입니다.

- 예 **躲什么?** 숨긴 뭘 숨어 [= 숨지 마] **跑什么?** 뛰긴 뭘 뛰어 [= 뛰지 마]
    怕什么? 뭐가 두려워 [= 두려울 것 없어] **吃力什么?** 뭐가 힘들어 [= 힘들지 않아]
    你知道什么? 네가 알긴 뭘 알아 [= 넌 몰라] **瘦什么?** 뭐가 말랐어 [= 마르지 않았어]

교체 연습

예문을 보고 새로운 단어를 넣어 말해 봅시다.

MP3 04-05

01 急得要命。

(마음이) 너무 조급해.

❶ 热

❷ 难看

❸ 高兴

MP3 04-06

02 看把你急得！

서두르는 것 하고는!

❶ 吓*

❷ 得意

❸ 紧张

吓 xià 동 놀라다

practice

MP3 04-07

03 一有消息就来告诉你。

소식이 있으면 바로 알려 줄게.

❶ 学　　　会

❷ 解释　　明白

❸ 讲　　　没个完

MP3 04-08

04 用不着走。

갈 필요 없어.

❶ 买那么多

❷ 问办公室

❸ 准备

플러스 어휘 — 수업

班主任 bānzhǔrèn 담임 교사

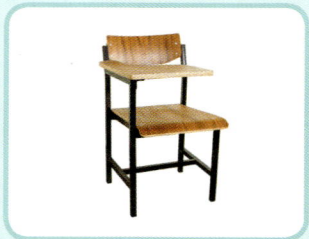
缺席 quēxí 결석하다

发言 fāyán 발표하다

实验 shíyàn 실험하다

讨论 tǎolùn 토론하다

报告 bàogào 보고서

教材 jiàocái 교재

作弊 zuòbì 부정 행위를 하다

填空 tiánkòng 빈칸을 채우다

成绩 chéngjì 성적

试卷 shìjuàn 시험지

答卷 dájuàn 답안지

과목명

汉语	Hànyǔ	중국어
英语	Yīngyǔ	영어
日语	Rìyǔ	일본어
法语	Fǎyǔ	불어
德语	Déyǔ	독일어
体育	tǐyù	체육
美术	měishù	미술
音乐	yīnyuè	음악
数学	shùxué	수학
物理	wùlǐ	물리
化学	huàxué	화학
生物	shēngwù	생물
历史	lìshǐ	역사
政治	zhèngzhì	정치
地理	dìlǐ	지리

 스스로 확인

☐☐ 要命
☐☐ 辅导
☐☐ 各有利弊
☐☐ 针对性
☐☐ 互相
☐☐ 该
☐☐ 建议
☐☐ 消息
☐☐ 等不及
☐☐ 赶快
☐☐ 用不着
☐☐ 眼前
☐☐ 够
☐☐ 资格
☐☐ 帮忙

 함께 토론

请说说你现在的学习情况。

현재 학습 상황에 대해 이야기해 봅시다.

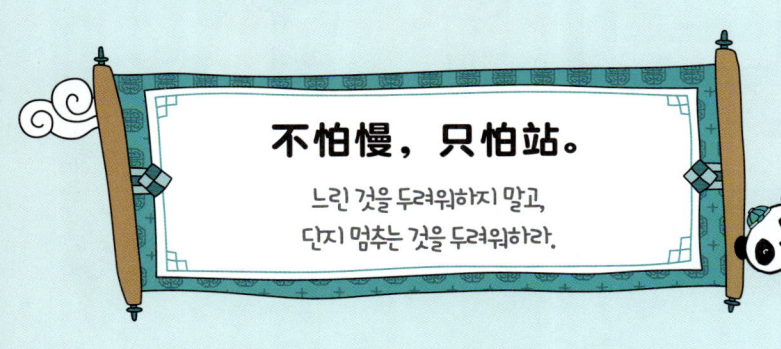

不怕慢，只怕站。

느린 것을 두려워하지 말고, 단지 멈추는 것을 두려워하라.

你出门喜欢坐什么车啊?

너는 외출할 때 어떤 교통수단을 애용해?

학습 목표
- 중국 교통수단의 특징에 대해 말할 수 있다.
- 교통수단 이용 경험에 대해 말할 수 있다.

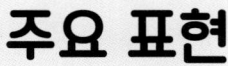

주요 표현

⭐ 발음과 억양에 유의하여 따라 읽어 봅시다.

⭐ 현지인의 일상 대화 속도로 따라 읽어 봅시다.

01 我到现在除了出租汽车，还没敢坐别的车呢。
Wǒ dào xiànzài chúle chūzū qìchē, hái méi gǎn zuò bié de chē ne.

02 别提了，线路图我越看越糊涂。
Bié tí le, xiànlùtú wǒ yuè kàn yuè hútu.

03 我最喜欢坐地铁，地铁不堵车，又快又便宜。
Wǒ zuì xǐhuan zuò dìtiě, dìtiě bù dǔchē, yòu kuài yòu piányí.

04 要是我一个人去，非迷路不可。
Yàoshi wǒ yí ge rén qù, fēi mílù bùkě.

05 骑车去用不了半个小时。
Qí chē qù yòng bu liǎo bàn ge xiǎoshí.

본문 대화

 **대화 1** 왕평과 메리가 교통수단에 대해 이야기한다.　　🎧 MP3 05-01

왕평　玛丽，你来这儿快一个月了，都去过哪儿了？

메리　就在学校附近转了转。其实，我哪儿都想去看看，可是一上街，各种各样的车都有，我都看花眼了，真不知道坐什么车好。我到现在除了出租汽车，还没敢坐别的车呢。

왕평　嗨！学校门口能坐的车多的是，拿公共汽车来说吧，有专线车、空调车、无人售票车、双层车……咱们学校门口的车站有十几个站牌呢。这些车你都可以坐啊！

메리　就是因为车太多了，我才不敢坐。比如我想去动物园，我哪儿知道该坐什么车啊？

왕평　你查地图啊，地图上有公交线路图。

메리　别提了，线路图我越看越糊涂，找到起点，找不到终点，更不知道在哪儿换车。

왕평　说实在的，现在新开的线路多，有的我也不那么清楚。不行你就多问问别人吧。

메리　你刚才说有一种"无人售票车"，坐这种车怎么买票？

dialogues

| 왕펑 | 坐无人售票车，你要刷公交卡，或者准备好零钱，上车把钱放到钱箱里就行了。 |

| 메리 | 万一我上车才发现，我只有一百块的，那怎么办？ |

| 왕펑 | 那可惨了，只好找人换了，一般来说车上不找钱。 |

| 메리 | 你出门喜欢坐什么车啊？ |

| 왕펑 | 我最喜欢坐地铁，地铁不堵车，又快又便宜。 |

| 메리 | 其实我也喜欢坐地铁，可惜咱们学校这里不通地铁。 |

| 왕펑 | 马上就要通了，那时候去哪儿都方便了。 |

| 메리 | 那我要想去郊区玩儿，坐什么车？ |

| 왕펑 | 坐长途汽车，或者坐直达风景区的旅游专线车。到了风景区，说不定你还能找辆牛车、马车来坐坐呢。 |

새 단어

看花眼 kàn huāyǎn 고르기 어렵다 | 专线 zhuānxiàn 명 전용선 | 站牌 zhànpái 명 표지판 | 线路 xiànlù 명 노선 | 糊涂 hútu 형 얼떨떨하다, 어리둥절하다 | 起点 qǐdiǎn 명 기점 | 终点 zhōngdiǎn 명 종점 | 实在 shízài 형 진실하다 | 刷卡 shuākǎ 동 카드를 긁다, 카드를 찍다 | 万一 wànyī 부 만일 | 惨 cǎn 형 비참하다 | 只好 zhǐhǎo 부 ~할 수밖에 없다 | 堵车 dǔchē 동 차가 막히다 | 可惜 kěxī 형 아쉽다 | 通 tōng 동 통하다, 뚫리다 | 郊区 jiāoqū 명 교외 지역 | 长途 chángtú 명 장거리 | 直达 zhídá 동 곧바로 가다, 직행하다 | 说不定 shuōbudìng 부 ~일지도 모른다, 아마 ~일 것이다

본문 대화

 **대화2** 메리가 왕펑에게 박물관에 가는 방법을 묻는다.   MP3 05-03

메리　王峰，我听说城南有个自然博物馆，这个周末我想去那儿看看，你知道怎么坐车吗？

왕펑　你可以打车去啊。

메리　要是打车我就不用问你了。

왕펑　其实自然博物馆离这儿并不远，只不过坐公共汽车去有点儿麻烦，中间得倒一次车。出校门坐19路到终点站，然后换24路，在"自然博物馆"站下车，再往东走二百米左右就到了。

메리　我的天啊，这么麻烦！要是我一个人去，非迷路不可。

dialogues

왕펑 : 你要是能借一辆自行车就好了，骑车去用不了半个小时。

메리 : 借车不难，可就算是有了车，我还是不知道怎么走啊。我这个人，不认路，一出门就分不清东南西北。

왕펑 : 这样吧，我家离那儿不远，我周末回家的时候可以顺路带你去。不过这次你得记路，不然你可回不来了！

★ 버스를 타고 자연박물관에 가려면 몇 번 갈아타야 합니까?

Tip: 버스 번호 뒤에는 노선이라는 뜻의 路 lù를 쓰며, 세 자리 숫자 이상인 경우 하나씩 읽습니다.
예) 701路 qī-líng-yāo lù

새 단어

打车 dǎchē 동 택시를 타다(= 打的 dǎdī) | 倒车 dǎochē 동 (차를) 갈아타다 | 我的天啊 wǒ de tiān a 세상에![놀라운 일을 직접 겪거나 그런 이야기를 들었을 때 쓰는 말] | 非……不可 fēi……bùkě ~하지 않으면 안 된다, 꼭 ~(해야) 한다 | 迷路 mílù 동 길을 잃다 | 就算 jiùsuàn 접 설령 ~이라도 | 顺路 shùnlù 부 지나는 길에 | 不然 bùrán 접 그렇지 않으면

본문 해설

1. 我都看花眼了。 눈이 다 어지러울 지경이야.

선택할 수 있는 것이 너무 많아서 어떤 것이 좋은지 모를 때 사용하는 표현입니다. 挑花眼 tiāo huāyǎn이라고도 합니다.

> 这里的衣服样式真多，我都看花眼了。
> 여기의 옷은 디자인이 매우 다양해서 나는 눈이 다 어지럽다.
>
> 婚姻介绍所里有很多姑娘的照片和资料，我的朋友都桃花眼了。
> 결혼 정보 업체에 아가씨들의 사진과 자료가 많아서 내 친구는 무엇을 골라야 할지 모른다.

2. 学校门口能坐的车多的是。 학교 앞에 탈 수 있는 차가 얼마든지 있어.

수량이 매우 많음을 강조하는 표현입니다.

> 我家里的中文书多的是。
> 우리 집에는 중국어 서적이 무척 많다.
>
> A 有京剧的录音吗?
> 경극 음반 있나요?
>
> B 多的是，你随便选。
> 얼마든지 있으니, 마음대로 골라 보세요.

3. 拿公共汽车来说 버스를 예로 든다면

拿……来说는 어떤 사람이나 사물을 예로 들 때 사용합니다.

> 不是每个人都喜欢唱歌的，拿我来说，就从来不去歌厅。
> 모든 사람이 노래 부르는 것을 좋아하는 것은 아니다. 나를 예로 들면, 지금까지 노래방에 가 보지 않았다.
>
> 中国的自行车很多，拿我们这座城市来说，几乎每个人都有一辆。
> 중국은 자전거가 많다. 우리의 이 도시를 예로 들면 거의 모든 사람이 한 대씩은 가지고 있다.

4. 别提了。 말도 마.

불만스러운 상황에 대해 더 이상 이야기 하기 싫을 때 사용하는 말입니다.

예 A 你的新家怎么样？
　　당신의 새 집은 어떤가요?

　　B 别提了，暖气不热，水管还漏水。
　　말도 마세요. 난방이 뜨겁지 않고 수도관도 물이 새요.

5. 说实在的 솔직히 말하면

말하기 난처하거나 원래 말하지 않으려던 말 앞에 쓰이는 표현입니다.

예 说实在的，我挺喜欢那个女孩子的。
　　솔직히 말하면 나는 그 여자애를 무척 좋아한다.

　　这工作这么辛苦，说实在的，我真不想干了。
　　이 일은 너무 힘들어서 솔직히 말하면 정말 그만 두고 싶다.

6. 这样吧。 이렇게 하자.

남에게 건의를 할 때 사용하는 말입니다.

예 A 请问，玛丽在吗？
　　실례지만, 메리 있습니까?

　　B 她刚出去。这样吧，你先坐坐，我帮你叫她。
　　방금 나갔어요. 이렇게 하죠. 우선 앉아 계시면 제가 불러올게요.

교체 연습

 예문을 보고 새로운 단어를 넣어 말해 봅시다.

MP3 05-05

01 我哪儿知道该<u>坐什么车</u>啊?

어떤 차를 타야 하는지 어떻게 알아?

❶ 给谁

❷ 去哪儿

❸ 怎么写

MP3 05-06

02 <u>去哪儿</u>都<u>方便</u>了。

어딜 가든 편리할 거야.

❶ 穿什么　　漂亮

❷ 吃多少　　可以

❸ 问谁　　　行

practice

MP3 05-07

03 要是我一个人去，非迷路不可。

나 혼자 가면 분명 길을 잃어버릴 거야.

① 开得太快　　　　出事

② 他不来　　　　　输*

③ 爸爸知道了　　　骂*我

输 shū 동 지다 | 骂 mà 동 욕하다

MP3 05-08

04 骑车去用不了半个小时。

자전거를 타고 가면 30분도 안 걸려.

① 吃顿饭　　　　一百块钱

② 搬桌子　　　　那么多人

③ 修车　　　　　几分钟

05 你出门喜欢坐什么车啊? 69

원·명나라

원나라는 당시 중국 북방지역을 지배하던 몽골 제국이 1271년부터 1368년까지 중원을 차지하여 세운 왕조이다. 원나라 말기에 조정이 혼란해진 틈을 타 각지에서 반란이 일어났다. 홍건적에 가담해 여러 세력을 모은 주원장(홍무제)은 원나라를 멸망시키고 명을 건국하였다. 명은 300년 가까이 중원을 지배했으나, 말기에 관료들과 환관들의 정치투쟁으로 혼란해졌다. 그러던 중 과중한 노역과 극심한 재해로 고통받던 농민들은 1627년 산시(陝西) 지역을 시작으로 각지에서 농민반란을 일으켰다. 농민반란군의 수령이었던 이자성은 세력을 규합해 베이징까지 점령했고, 명의 황제가 자살하면서 명나라는 멸망하였다.

세계 초유의 강대국 몽골 제국

몽골 제국은 서하, 금나라를 정복한 후 영토를 넓혀 세계 초유의 대제국이 되었다. 칭기즈칸의 손자인 쿠빌라이칸이 남송을 무너뜨리면서 중국 역사상 최초로 중국 전역을 지배하게 되었다. 쿠빌라이가 즉위한 후 수도를 지금의 베이징으로 옮기고 국호를 원으로 바꾸었으며 중국지배체제로 변화하였다.

민족 차별 정책

원나라는 넓은 영토를 통치하기 위해 중국의 여러 제도를 받아들였지만 몽골 제일주의로 민족차별정책을 시행했다. 최고 지배층인 몽골인, 중간 지배층인 색목인(외국인), 평민인 한인, 하층민인 남인 네 계층으로 신분을 나누어 정치적 활동을 제한했다.

마르코 폴로 <동방견문록>

이탈리아의 상인이었던 마르코 폴로가 수십 년간 동방을 여행하고 이탈리아로 돌아와 편찬한 책이다. 마르코 폴로는 17년 동안 원나라 머물면서 중국의 여러 곳을 여행한 후 각 지역의 사회, 문화, 경제 등에 대해 기록했다. 이를 통해 동양이 유럽에 알려지게 되었다.

베이징, 고궁 건설

영락제는 수도를 남경에서 북경으로 옮기고, 황제의 권위를 세우기 위해 1406년부터 황궁을 짓기 시작했다. 지금 이 궁전은 세계에서 제일 큰 궁전이 되었으며, 청대까지 24명의 황제가 이곳에서 지냈다.

정화 원정대

명 3대 황제인 영락제는 환관들을 각지에 파견하였다. 환관 정화(郑和)는 약 30년 동안 일곱 차례 원정을 떠났으며, 총 30여 개 나라와 교역을 이루었다. 원정은 주변국에 명나라의 위엄을 알리는 것은 물론 여러 나라와 활발한 교역을 이끌었으며 이는 유럽의 바닷길 개척보다 시기와 기술면에서 모두 앞선 것이다.

과거 제도 시행 및 유학 전통 부활

원나라를 멸망시키고 한족 왕조인 명나라를 세운 명 태조 주원장은 원나라가 남긴 몽골 문화를 없애고, 한족 문화를 부흥시키는 것에 힘을 썼다. 그는 과거 제도를 새롭게 정비하고, 유교의 가르침에 따른 여섯 가지 덕목인 육유(六谕)를 반포했다.

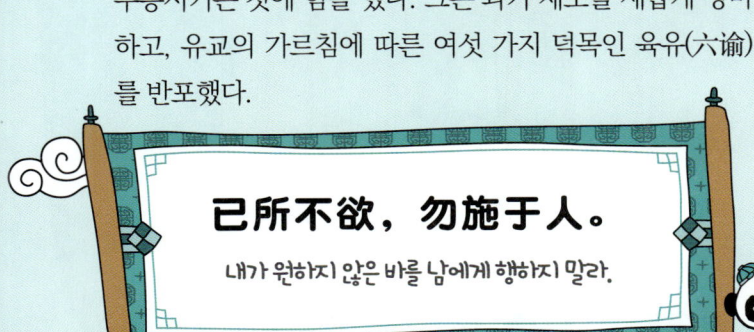

己所不欲，勿施于人。
내가 원하지 않은 바를 남에게 행하지 말라.

스스로 확인

- ☐☐ 专线
- ☐☐ 站牌
- ☐☐ 线路
- ☐☐ 糊涂
- ☐☐ 起点
- ☐☐ 终点
- ☐☐ 刷卡
- ☐☐ 只好
- ☐☐ 堵车
- ☐☐ 可惜
- ☐☐ 长途
- ☐☐ 直达
- ☐☐ 说不定
- ☐☐ 迷路
- ☐☐ 顺路

请说说你最喜欢坐什么交通工具。

좋아하는 교통수단에 대해 이야기해 봅시다.

UNIT 06 我想给朋友打个电话。

친구에게 전화를 걸려고 해요.

학습 목표
- 전화 통화와 관련된 표현을 자유롭게 말할 수 있다.
- 다양한 연락 수단의 장단점에 대해 말할 수 있다.

주요 표현

expressions

⭐ 발음과 억양에 유의하여 따라 읽어 봅시다.

MP3 06-00

⭐ 현지인의 일상 대화 속도로 따라 읽어 봅시다.

01 我想给朋友打个电话，可是我的手机没钱了。
Wǒ xiǎng gěi péngyou dǎ ge diànhuà, kěshì wǒ de shǒujī méi qián le.

02 哎呀，我的手机没电了！
Āiyā, wǒ de shǒujī méi diàn le!

03 我们有急事找他，可他的手机一直占线。
Wǒmen yǒu jí shì zhǎo tā, kě tā de shǒujī yìzhí zhànxiàn.

04 几次给你打电话，你要么不接，要么关机。
Jǐ cì gěi nǐ dǎ diànhuà, nǐ yàome bù jiē, yàome guānjī.

05 微信又能写又能说，比短信方便。
Wēixìn yòu néng xiě yòu néng shuō, bǐ duǎnxìn fāngbiàn.

본문 대화

 대화1 메리가 행인에게 충전카드 파는 곳을 묻는다.　　　MP3 06-01

메리　劳驾，你能帮帮我的忙吗？

행인　你有什么事？

메리　我想给朋友打个电话，可是我的手机没钱了。
　　　请问，哪儿卖充值卡？

행인　前边的邮局就卖。不过，这么晚了，邮局早就下班了吧？

메리　那可怎么办啊？我有急事啊！

행인　离这儿不远，有个报刊亭，那儿也卖充值卡。

메리　在哪儿？

행인　你顺着我指的方向看，那家快餐店旁边就是。

메리　是那个报刊亭啊，我刚从那边过来，那里现在没人。

행인　那你就得多走几步了，前面有个胡同，我记得那儿有个小卖部，门口挂着"公用电话"的牌子……不对，那儿的房子好像拆了。

dialogues

메리 怎么都让我赶上了？今天运气太不好了！

행인 是啊，我看你还是用我的手机打吧……哎呀，我的手机没电了！

★ 메리는 누구에게 전화를 걸려고 합니까?

새 단어

 06-02

劳驾 láojià 동 실례합니다 | 充值卡 chōngzhíkǎ 명 충전카드 | 报刊亭 bàokāntíng 명 간행물 판매 가게 | 顺 shùn 개 ~을 따라 | 指 zhǐ 동 가리키다 | 快餐店 kuàicāndiàn 명 패스트푸드점 | 胡同 hútòng 명 골목 | 挂 guà 동 걸다 | 牌子 páizi 명 팻말, 간판 | 拆 chāi 동 헐다, 철거하다

본문 대화

대화2 리양이 데이비드와 다나카가 같이 사는 기숙사에 전화를 건다.

리양　　请问，大卫在吗?

다나카　他有事出去了，请问您是哪位?

리양　　我是李阳，大卫是我们学英语小组的辅导老师。我们有急事找他，可他的手机一直占线。请问他什么时候回来?

다나카　这可说不好。

리양　　要是他回来了，请他给我回个电话，我的电话他知道。

다나카　好的。不过……要是他回来太晚呢?

리양　　那……请你转告他，我们明天有个会，英语小组学习活动得改期，想跟他商量一下，看看改在什么时候合适。

다나카　我一定转告。

리양　　那就麻烦你了。再见!

새 단어

小组 xiǎozǔ 동 동아리, 소그룹 | 占线 zhànxiàn 동 통화 중이다 | 回电话 huí diànhuà 다시 전화를 하다 | 转告 zhuǎngào 동 전달하다 | 改期 gǎiqī 동 기일이나 예정일을 변경하다

dialogues

 **대화3** 왕펑이 메리에게 위챗을 알려 준다.   MP3 06-05

메리 王峰，找你可真费劲，几次给你打电话，你要么不接，要么关机，急死我了。

왕펑 我每天上午都有课，上课的时候当然接不了电话啊。

메리 那我什么时候给你打电话方便？

왕펑 下午有的时候也有课，一般三点以后就没事儿了。另外，你可以给我发短信啊。

메리 想问汉语问题的时候，写短信说不清楚。

왕펑 那我教你用微信吧，微信又能写又能说，比短信方便。你先下载一个软件，然后……然后……看，这样就行了。

메리 我先试试跟你打个招呼。

왕펑 以后有事你就给我发微信，这样联系更方便，也比发短信便宜多了。

메리 这样好，省得打电话没人接，发短信又太麻烦。

 MP3 06-06

费劲 fèijìn 동 힘을 들이다, 애를 쓰다 | 关机 guānjī 동 전원을 끄다 | 短信 duǎnxìn 명 문자 메시지 | 微信 Wēixìn 고유 위챗 | 下载 xiàzài 동 다운로드하다 | 软件 ruǎnjiàn 명 애플리케이션, 소프트웨어 | 联系 liánxì 동 연락하다 | 省得 shěngde 접 ~하지 않도록, ~않기 위해서

본문 해설

1. 邮局早就下班了吧? 우체국은 이미 문 닫았겠죠?

早就는 '이미', '벌써'라는 의미로 早就……了의 형태로 자주 쓰입니다.

> 예 她早就起床了。
> 그녀는 벌써 일어났다.
>
> 我妹妹早就结婚了。
> 내 여동생은 벌써 결혼했다.

2. 怎么都让我赶上了? 어떻게 나에게 이런 일이 다 생기죠?

让……赶上了는 누군가에게 어떤 일이 우연히 생긴다는 뜻으로 여기서 어떤 일은 좋지 않은 일과 좋은 일 모두를 가리킵니다.

> 예 A 你怎么买这么多书?
> 책을 왜 이렇게 많이 샀어?
>
> B 今天书店优惠，让我赶上了。
> 오늘 서점에서 세일했는데, 타이밍이 맞았어.
>
> 很多年没下过这么大的雪了，今天偏偏让我赶上了。
> 몇 년 동안 이렇게 눈이 많이 내린 적이 없는데 오늘 하필 그날이네.
>
> 唉，坏事儿怎么都让我赶上了!
> 아휴, 나쁜 일은 왜 다 나한테 생겨!

grammar

3. 要么不接，要么关机。 안 받거나 전원이 꺼져 있어.

要么……要么……는 두 가지 상황이나 바람에 대한 선택을 나타냅니다.

예 要么看电影，要么逛商店，你来决定一下。
영화를 보든지 거리 구경을 하든지 네가 결정해라.

要么他来，要么我去，不管怎么样，今天我们都要见面谈一谈。
그가 오든지 내가 가든지 어찌 되었건 오늘 우리는 만나서 이야기를 좀 해야 한다.

4. 急死我了。 속이 타 죽겠어.

……死我了는 단음절 동사나 형용사 뒤에 붙어서 정도가 심함을 나타내며, 주로 좋지 않은 상황에 쓰입니다.

예 气死我了! 화나 죽겠네!

累死我了! 피곤해 죽겠네!

吓死我了! 놀라 죽을 뻔했네!

微信 위챗

위챗(微信 Wēixìn)은 중국 기업 텐센트(腾讯 Téngxùn)가 2011년 출시한 무료 메신저 애플리케이션으로 2017년 4월 기준 가입자 수가 약 9억 명에 달했다. 결제 시스템인 위챗 페이(微信支付 Wēixìn zhīfù), 친구들에게 글이나 사진을 공유하는 모멘트(朋友圈 péngyouquān) 등 다양한 기능이 있다.

교체 연습

예문을 보고 새로운 단어를 넣어 말해 봅시다.

01 <u>邮局</u>早就<u>下班</u>了吧?

우체국은 이미 문 닫았겠죠?

❶ 银行　　　关门

❷ 老师　　　走

❸ 他　　　　回国

02 <u>找你</u>可真<u>费劲</u>。

너 만나기 너무 힘들다.

❶ 这儿的菜　　好吃

❷ 你的孩子　　聪明

❸ 整天上班　　累

practice

MP3 06-09

03 要么<u>不接</u>，要么<u>关机</u>。

안 받거나 전원이 꺼져 있어.

❶ 改期　　　换一个旅游项目

❷ 坚持到底*　选择放弃*

❸ 给我打个折　送我一些小商品

坚持到底 jiānchí dàodǐ 끝까지 버티다 | 放弃 fàngqì 동 포기하다

MP3 06-10

04 以后有事你就<u>给我发微信</u>。

앞으로 무슨 일 있으면 나한테 위챗 보내.

❶ 问我

❷ 去找王经理

❸ 跟他商量一下

플러스 문화: 중국의 소수민족, 이족

이족(彝族 Yízú)은 중국 소수민족 중 인구 규모가 여섯 번째로 많은 민족이다. 중국 호적에 등록된 인구만 약 871만명(2010년 기준)으로 주로 중국 서남의 윈난(云南), 쓰촨(四川), 구이저우(贵州) 등지에 집단을 이루어 거주하고 있으며 쓰촨성의 량산이족자치주(凉山彝族自治州)가 중국 최대의 이족 자치주이다.

전통 복장

이족은 전통 복장이 매우 다양하다. 여성의 경우 현재 성별, 연령별, 평상복, 혼인복, 장례복, 제사복 및 전쟁복 등 약 100여 종이 넘는 복장이 있다. 이들은 검은색을 숭상하며, 옷감으로 주로 검은색, 청색 등을 사용하는데 이는 장엄하고 정중한 의미를 표현한다. 이족의 복장을 가리켜 홍하형(红河型) 복장이라고 통칭하여 부른다.

음식 문화

옥수수나 감자를 주식으로 하며 소, 양, 돼지고기를 즐겨 먹는다. 이족 속담 중 "한족 사람은 차를 귀하게 여기고 이족 사람은 술을 귀하게 여긴다(汉人贵在茶, 彝人贵在酒)"라는 말이 있을 정도로 술을 중히 여긴다. 한편 이족은 개, 말, 그리고 곰 등의 동물들은 민족의 기원과 연관되어 있다는 원시 종교의 영향 때문에 이러한 동물들의 취식을 엄격하게 금지하고 있다.

언어 문화

이족은 고유한 언어를 가지고 있는 민족으로 6개의 방언이 있지만 각 방언의 차이가 커서 서로 다른 방언을 사용하는 이족 간에는 한어로 의사소통을 한다. 또한, 표의 문자 형식의 고유 문자도 가지고 있다.

횃불절

이족의 대표적인 전통 명절은 횃불절(火把节 Huǒbǎ Jié)이다. 음력 6월 24일 전후 남녀노소 모두 횃불을 들고 밭을 돌아다니는

데 이는 해충을 몰아내고 풍작을 기원하는 의미이다. 횃불 주위를 돌며 노래하고 춤추는 것 외에 활쏘기, 소싸움, 씨름 등의 경기도 즐긴다.

과거 계급제 사회

이족은 오랫동안 노예제도를 시행했었다. 계급이 엄격했기 때문에 주인 집단은 흑이(黑彝)로, 노예 계층은 백이(白彝)로 불리었다. 노예는 인신 약탈과 매매를 통해 얻을 수 있었으며 일부 지역에서는 노예시장이 나타나기도 하였다. 결혼에서도 엄격한 계급제를 적용하였다. 이러한 신분 계층은 공산화가 되어 가면서 점차 사라지게 되었다.

스스로 확인

- ☐☐ 充值卡
- ☐☐ 顺
- ☐☐ 胡同
- ☐☐ 挂
- ☐☐ 牌子
- ☐☐ 拆
- ☐☐ 占线
- ☐☐ 转告
- ☐☐ 改期
- ☐☐ 费劲
- ☐☐ 关机
- ☐☐ 短信
- ☐☐ 下载
- ☐☐ 软件
- ☐☐ 省得

함께 토론

请说说你的手机有哪些功能。

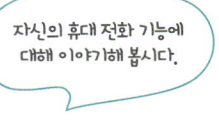

자신의 휴대 전화 기능에 대해 이야기해 봅시다.

不知为不知是知也。

진정한 앎은
자신이 얼마나 모르는지를 아는 것이다.

UNIT 07

我在校外租了房子。

나는 학교 밖에 집을 구했어.

학습 목표
- 집을 구하는 것과 관련된 다양한 표현을 말할 수 있다.
- 집의 구조·시설·주변 환경에 대해 말할 수 있다.

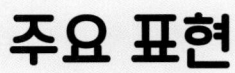

⭐ 발음과 억양에 유의하여 따라 읽어 봅시다.

⭐ 현지인의 일상 대화 속도로 따라 읽어 봅시다.

01 我不在校内住了，在校外租了房子。
Wǒ bú zài xiàonèi zhù le, zài xiàowài zū le fángzi.

02 有两个卧室，还有客厅、厨房和卫生间。
Yǒu liǎng ge wòshì, hái yǒu kètīng, chúfáng hé wèishēngjiān.

03 我是和别人合租的，房租一人一半儿。
Wǒ shì hé biéren hézū de, fángzū yì rén yíbànr.

04 房子条件怎么样？
Fángzi tiáojiàn zěnmeyàng?

05 不过这几天水龙头有点儿漏水。
Búguò zhè jǐ tiān shuǐlóngtóu yǒudiǎnr lòushuǐ.

본문 대화

 대화1 메리가 안나에게 안부를 묻는다.

MP3 07-01

메리	安娜，怎么最近没看见你？
안나	我搬家了。
메리	搬家？
안나	对啊，我不在校内住了，在校外租了房子。
메리	哎呀，那可是乔迁之喜啊，恭喜恭喜！你得请客吧？
안나	那还用说！
메리	为什么不在校内住了呢？校内多方便啊。
안나	住校内吧，当然很方便，可是宿舍的房间实在太小了。我的同屋朋友也多，有时候真是没法安静地看书。
메리	这倒是。你现在住的地方离学校远吗？
안나	不远，骑车十分钟就到了。
메리	房子大吗？
안나	不太大，可是比校内的宿舍大多了，有两个卧室，还有客厅、厨房和卫生间。

메리 : 你一个人住这么大的地方？房租很贵吧？

안나 : 我是和别人合租的，房租一人一半儿，不算太贵，主要是生活方便多了。

메리 : 听起来真是不错。

★ 안나의 집에는 침실이 몇 개 있습니까?

 새 단어

MP3 07-02 搬家 bānjiā 동 이사하다 | 租 zū 동 세내다, 임대하다 | 乔迁之喜 qiáoqiān zhī xǐ 더 좋은 곳으로 이사하는 기쁨[축하할 때 쓰는 말] | 请客 qǐngkè 동 손님을 초대하다 | 卧室 wòshì 명 침실 | 客厅 kètīng 명 거실, 응접실 | 厨房 chúfáng 명 부엌, 주방 | 卫生间 wèishēngjiān 명 화장실 | 合租 hézū 동 공동 임대하다 | 房租 fángzū 명 집세

본문 대화

대화2 메리가 안나의 집 시설에 대해 묻는다.

MP3 07-03

메리: 房子条件怎么样?

안나: 电视、洗衣机、冰箱、空调、暖气都有，而且可以上网。下课回去打作业、玩儿游戏、发电子邮件、看电影，可自在啦!

메리: 我真羡慕你!

안나: 周围有超市、饭馆儿，交通也方便。怎么样? 你也搬出来住吧?

메리: 我还是觉得住在校内方便，上课、吃饭、去图书馆都近。再说，我的宿舍很少有人来，住在这里还行。哎，你是怎么找到合适的房子的?

안나: 我的朋友看了网上的租房启事，给我介绍的。其实网上这方面的信息多的是，可是很多我看不懂。

메리: 你现在已经快成行家了。

★ 메리는 어떻게 집을 구했습니까?

새 단어 MP3 07-04

暖气 nuǎnqì 명 난방 장치, 라디에이터 | 游戏 yóuxì 명 게임 | 电子邮件 diànzǐ yóujiàn 명 이메일 | 自在 zìzài 형 자유롭다 | 羡慕 xiànmù 동 부러워하다 | 周围 zhōuwéi 명 주위 | 超市 chāoshì 명 슈퍼마켓 | 启事 qǐshì 명 광고, 공고 | 信息 xìnxī 명 정보 | 行家 hángjia 명 전문가

dialogues

대화3 메리가 안나의 집에 초대받아 놀러 왔다.　　MP3 07-05

메리　啊，在这儿住真有家的感觉！

안나　比住宿舍强多了吧？

메리　房东对你怎么样？

안나　房东是个和善的老太太。一会儿她来收房租，我介绍你们认识一下。

(벨이 울린다)

안나　她来了。

집주인　安娜，你好吗？

안나　张奶奶，请进。这是我的好朋友玛丽。

메리　您好，张奶奶。

집주인　你好。

안나　快请坐，您喝茶。这是我们的房租，您收好。

집주인　好，好。这房子怎么样？有什么问题没有？

안나　挺好，住着很舒服。不过这几天水龙头有点儿漏水。

본문 대화

집주인　我看看。……问题不大，明天我叫人来修修。

안나　那太麻烦您了。

집주인　没什么。对了，这是我今天包的饺子，你们尝尝吧。

메리　哎呀，我可真有口福。

★ 집주인 할머니는 무엇을 가지고 왔습니까?

새단어

感觉 gǎnjué 명 감각, 느낌 | 房东 fángdōng 명 집주인 | 和善 héshàn 형 온화하고 선량하다, 사근사근하다 | 水龙头 shuǐlóngtóu 명 수도꼭지 | 漏 lòu 동 새다 | 口福 kǒufú 명 먹을 복

본문 해설

grammar

1. 那还用说！ 당연하지!

반어문으로 '말할 필요가 없다', '당연하다'는 의미를 나타내며 (那)还用问이라고도 합니다.

예 A 回国以后给我们写信。 귀국한 뒤에 우리에게 편지해.
B 那还用说，我不会忘记你们的。 당연하지, 나는 너희를 잊지 못할 거야.

A 海运和空运哪个快？ 배편과 항공편 어느 게 빨라?
B 那还用问，当然是空运快了。 물어볼 필요도 없어, 당연히 항공편이 빠르지.

2. 这倒是。 그건 그렇지.

상대방이 하는 말이 더 일리가 있다는 뜻으로, 那倒(也)是라고도 합니다.

예 买自行车要看质量怎么样，不能光图便宜。
자전거를 살 때는 품질이 어떤지 봐야지, 싼 것만 따지면 안 돼.

这倒是，人家常说"便宜没好货"嘛。
그건 그래, '싼 게 비지떡'이라고 하잖아.

你出去的时候老不锁门，丢东西也怪你自己。
넌 나갈 때 늘 문을 안 잠그더라, 도둑맞아도 네 책임이야.

这倒是，下次可得注意了。
그건 그렇지. 이제 주의해야겠어.

3. 对了。 참.

이야기하던 중에 어떤 일이 갑자기 생각났을 때 쓰는 말입니다.

예 好，现在下课吧。对了，把昨天的作业交给我。
좋아요, 지금 수업을 마칩시다. 참, 어제 과제 제출하세요.

교체 연습

 예문을 보고 새로운 단어를 넣어 말해 봅시다.

MP3 07-07

01 住校内吧，当然很方便。

교내에 살면 물론 편하지.

① 打的去　　贵点儿

② 直接回家　　舍不得

③ 玩儿通宵*　　过瘾*

通宵 tōngxiāo 명 밤새도록 | 过瘾 guòyǐn 형 굉장하다

MP3 07-08

02 房租一人一半儿。

집세는 (한 사람당) 반씩 내.

① 门票　　五十块

② 糖　　三个

③ 唱歌　　一首

practice

MP3 07-09

03 网上这方面的信息多的是。

인터넷에 이 방면의 정보는 얼마든지 있어.

① 网上假信息

② 路上进口车

③ 股市*里机会

股市 gǔshì 명 주식 시장

MP3 07-10

04 比住宿舍强多了吧?

기숙사에 사는 것보다 훨씬 낫지?

① 以前　　舒服

② 照片　　帅

③ 去年　　成熟

실내 장식 및 구조

窗帘 chuānglián 커튼

相框 xiàngkuàng 사진 액자

花瓶 huāpíng 꽃병

干花 gānhuā 드라이 플라워

香薰 xiāngxūn 디퓨저

地毯 dìtǎn 카펫

沙发 shāfā 소파

镜子 jìngzi 거울

台灯 táidēng 스탠드

桌子 zhuōzi 테이블

挂钟 guàzhōng 벽시계

靠枕 kàozhěn 쿠션

실내 구조 관련 어휘

户型	hùxíng	실내 구조
墙壁	qiángbì	벽
窗户	chuānghu	창문
窗台	chuāngtái	창틀
地板	dìbǎn	바닥
天花板	tiānhuābǎn	천장
柱子	zhùzi	기둥
楼梯	lóutī	계단
阳台	yángtái	베란다
玄关	xuánguān	현관
主卧	zhǔwò	안방
次卧	cìwò	작은방
衣帽间	yīmàojiān	옷방
书房	shūfáng	서재
浴室	yùshì	욕실
车库	chēkù	차고

스스로 확인

- ☐☐ 搬家
- ☐☐ 请客
- ☐☐ 卧室
- ☐☐ 客厅
- ☐☐ 卫生间
- ☐☐ 合租
- ☐☐ 暖气
- ☐☐ 游戏
- ☐☐ 自在
- ☐☐ 周围
- ☐☐ 启事
- ☐☐ 信息
- ☐☐ 行家
- ☐☐ 房东
- ☐☐ 和善

함께 토론

请说说你对租房的要求。

자신이 구하고 싶은 집의 조건에 대해 이야기해 봅시다.

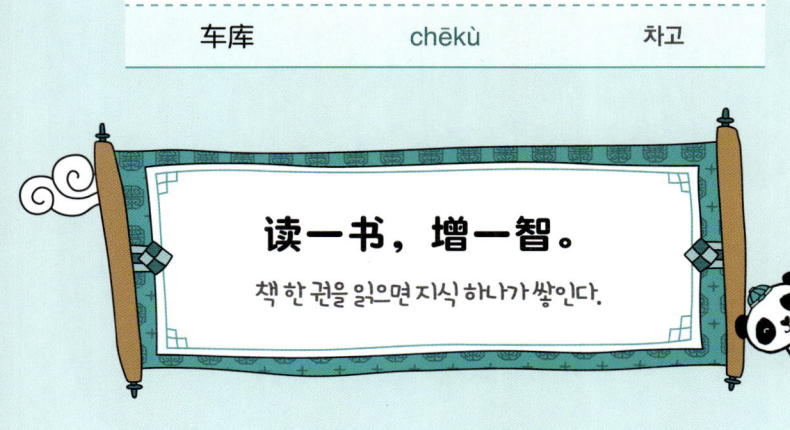

读一书，增一智。

책 한 권을 읽으면 지식 하나가 쌓인다.

UNIT 08 你想买什么衣服?

어떤 옷을 사고 싶으세요?

학습 목표

✓ 물건 구매 및 가격 흥정과 관련된 표현을 자유롭게 말할 수 있다.

주요 표현

expressions

⭐ 발음과 억양에 유의하여 따라 읽어 봅시다.

⭐ 현지인의 일상 대화 속도로 따라 읽어 봅시다.

01 你们好，想买什么衣服?
Nǐmen hǎo, xiǎng mǎi shénme yīfu?

02 这么多样式，我都不知道挑哪件好了。
Zhème duō yàngshì, wǒ dōu bù zhīdào tiāo nǎ jiàn hǎo le.

03 请到3号收款台交款。
Qǐng dào sān hào shōukuǎntái jiāo kuǎn.

04 我最会砍价了。
Wǒ zuì huì kǎnjià le.

05 哎，朋友，这套茶具怎么卖?
Āi, péngyou, zhè tào chájù zěnme mài?

본문 대화

대화1 메리와 안나가 옷을 사러 상점에 갔다.

판매원: 你们好，想买什么衣服？

메리: 有没有我穿的外套？

판매원: 你的身材很好，很多种类的外套都适合你穿。就看你喜欢什么样式的了。请跟我来。你看，这些都是最近的新样式，特别适合像你这种年龄的女孩儿穿。

메리: 这么多样式，我都不知道挑哪件好了。哎，安娜，你帮我参谋参谋。

안나: 我也看花眼了。哎，你看这件怎么样？

메리: 哇！这件也太那个了吧？

안나: 这是新潮！你还那么保守啊！那，你再看看这件。

메리	这件还说得过去。不知道大小是不是合适。
판매원	你可以试试，试衣间在那边。
메리	(탈의실에서 나오면서) 你们看，我穿这件衣服是不是太……
판매원	你穿这件衣服非常合适。这件衣服好像就是为你设计的。
메리	袖子是不是长了点儿？
판매원	是长点儿，可这种衣服的样式就是长袖儿的。现在长袖子也是一种时髦。
메리	那好吧，我就买这件。这件衣服多少钱？
판매원	五百五。
안나	能不能便宜一点儿？
판매원	这是新上市的，不打折。
안나	可是我们刚才进门的时候，看见你们商店的门口写着"服装大减价""优惠"什么的。
판매원	那是指夏装，是季节性减价，你要是买，我们这里也有，可以八折优惠。

본문 대화

메리   好，五百五就五百五。不管怎么说，我挺喜欢这件衣服的。

판매원   那我就开票了。请到3号收款台交款。

(메리가 계산한 후에 교환권을 판매원에게 내밉다)

판매원   这是发票，请收好。如果这件衣服有质量问题，可以凭票来这儿退换。

메리   谢谢你。

판매원   不客气。欢迎你们下次再来。

★ 메리가 산 옷은 얼마입니까?

 새 단어

MP3 08-02

外套 wàitào 명 외투 | 身材 shēncái 명 몸매, 체격 | 种类 zhǒnglèi 명 종류 | 样式 yàngshì 명 양식, 형식, 모양 | 参谋 cānmóu 동 조언하다, 의견을 제시하다 | 新潮 xīncháo 명형 최신 유행(의) | 保守 bǎoshǒu 형 보수적이다 | 设计 shèjì 동 디자인하다 | 袖子 xiùzi 명 소매 | 时髦 shímáo 형 유행이다 | 上市 shàngshì 동 출시되다 | 服装 fúzhuāng 명 복장, 의상 | 减价 jiǎnjià 동 할인하다 | 优惠 yōuhuì 형 특혜의 | 开票 kāipiào 동 영수증을 끊다 | 收款台 shōukuǎntái 명 계산대 | 交款 jiāo kuǎn 대금을 지불하다 | 发票 fāpiào 명 영수증 | 质量 zhìliàng 명 품질 | 凭 píng 개 ~에 의거하여, ~에 따라 | 退换 tuìhuàn 동 (구매한 물건을) 교환하다

dialogues

대화2 메리와 데이비드가 학교 근처 소품 시장에 갔다.   MP3 08-03

메리	大卫，你看这套茶具怎么样？
데이비드	哦，挺不错的。你想买吗？
메리	我挺想买的。不会太贵吧？
데이비드	我可以帮你砍价啊。 (상인 A에게) 哎，朋友，这套茶具怎么卖？
상인 A	是你呀，好久没来了。买什么？茶具？你可看清楚，这是景德镇的。卖别人，一百二；你要是真想买，八十卖给你。
데이비드	能不能再便宜一点儿？
상인 A	谁让咱们是朋友呢！六十！卖给你了。
데이비드	(메리에게) 怎么样？一百二砍到六十，还可以吧？
메리	那就买一套吧。 (데이비드와 메리가 걸어가며 이야기를 나눈다)
데이비드	以后你到这儿来买东西就叫上我，我最会砍价了。

본문 대화

메리 　(길가의 노점에 있는 다기를 가리키며) 哎，你看那儿的茶具跟我买的一模一样。这次我试试。（상인 B에게）你那套茶具怎么卖？

상인 B 　五十。

메리, 데이비드 　啊?!

★ 메리는 다기를 얼마에 샀습니까?

套 tào 양 세트 | 茶具 chájù 명 다기(茶器) | 砍价 kǎnjià 동 (값을) 깎다, 흥정하다 | 景德镇 Jǐngdézhèn 고유 징더전[쟝시성(江西省) 동북부에 있는 도시로 자기 생산지로 유명하며 천 년의 역사를 지닌 곳] | 一模一样 yìmú yíyàng 성 모양이 완전히 같다

본문 해설

1. 说得过去。 그런대로 괜찮다.

'무난하다', '말이 된다'는 의미로 그런대로 괜찮거나 받아들일 수 있음을 나타냅니다.

- 送她这件礼物，我看说得过去。
  그녀에게 이 선물을 보내는 건, 내가 볼 때 그럭저럭 괜찮을 것 같아.

  大家都是朋友，你说话这么不客气，说得过去吗？
  모두 친구인데, 네가 말을 이렇게 함부로 하는 게 말이 되니?

2. 不管怎么说 어쨌거나

어떠한 상황에서도 결과나 결론이 바뀌지 않을 것임을 나타냅니다.

- 不管怎么说，他是你爸爸，你不应该气他。
  어쨌거나 그분은 네 아버지시니, 너는 그분을 화나게 해서는 안 된다.

  不管怎么说，你今天一定要去开会。
  어쨌거나 너는 오늘 반드시 회의를 열어야 한다.

3. 谁让咱们是朋友呢！ 친구 사이라 어쩔 수 없군요!

친구이기 때문에 어쩔 수 없이 상대방의 요구 사항을 들어주어야 한다는 뜻입니다.

- 你想用就拿去吧，谁让咱们是朋友呢。
  쓰고 싶으면 가져가라, 친구 사이니 어쩔 수 없지.

  A 把你的汽车借给我用一下。
  네 차 좀 빌려줘.

  B 真拿你没办法，用吧，谁让咱们是朋友呢。
  넌 참 못 말리겠다. 써, 친구 사이라 어쩔 수 없지.

교체 연습

 예문을 보고 새로운 단어를 넣어 말해 봅시다.

MP3 08-05

01 你帮我参谋参谋。

네가 좀 조언해 줘.

❶ 打听打听

❷ 仔细看看

❸ 想想办法

MP3 08-06

02 不知道大小是不是合适。

사이즈가 맞나 모르겠네.

❶ 味道　　　　合口

❷ 价格　　　　太高

❸ 条件　　　　很差

practice

🎧 MP3 08-07

03 这件衣服好像就是为你设计的。

이 옷은 당신을 위해 디자인된 것 같아요.

❶ 这首歌的歌词　　　　写

❷ 这道菜　　　　　　　准备

❸ 这幅画　　　　　　　画

🎧 MP3 08-08

04 长袖子也是一种时髦。

소매를 길게 입는 것도 일종의 유행이에요.

❶ 握手　　　　语言

❷ 平凡　　　　幸福

❸ 犯错误　　　学习

시 낭독하기, 춘야희우

春夜喜雨 Chūnyè xǐyǔ

杜甫 Dù Fǔ

好雨知时节, 当春乃发生。
Hǎo yǔ zhī shí jié, dāng chūn nǎi fā shēng.

随风潜入夜, 润物细无声。
Suí fēng qián rù yè, rùn wù xì wú shēng.

野径云俱黑, 江船火独明。
Yě jìng yún jù hēi, jiāng chuán huǒ dú míng.

晓看红湿处, 花重锦官城。
Xiǎo kàn hóng shī chù, huā zhòng jǐn guān chéng.

해석 봄밤의 반가운 비

두보

좋은 비는 시절을 알아서 봄이 되니 내리네.

바람 따라 몰래 밤에 들어와 소리 없이 촉촉이 만물을 적시네.

들길은 구름이 깔려 모두 어둡고 강 위에 뜬 배만 불빛 비치네.

새벽에 붉게 젖은 곳을 보니 금관성에 꽃들이 활짝 피었네.

단어 乃 nǎi 곧, 비로소 | 潜 qián 몰래, 살그머니 | 润物 rùn wù 만물을 적시다 | 野径 yějìng 들판 길 | 晓 xiǎo 동틀 무렵 | 花重 huā zhòng 꽃이 빗물로 가득 차서 충만한 모습 | 锦官城 jǐn guān chéng 지방(地方) 특산물 비단을 관리하는 벼슬을 둔 데서 유래된 말로 중국 쓰촨성 성도의 옛 이름

스스로 확인

- ☐☐ 外套
- ☐☐ 种类
- ☐☐ 样式
- ☐☐ 参谋
- ☐☐ 新潮
- ☐☐ 保守
- ☐☐ 袖子
- ☐☐ 时髦
- ☐☐ 上市
- ☐☐ 服装
- ☐☐ 减价
- ☐☐ 优惠
- ☐☐ 退换
- ☐☐ 砍价
- ☐☐ 一模一样

작품 해설

두보가 50세 무렵 지금의 쓰촨성 청두에 머물며 비교적 안정적인 생활을 하던 시기에 지은 작품이다. 겨우내 가뭄이 이어졌는데 만물을 소생시킬 봄비가 내리는 것을 보고 반가워하는 마음을 시로 지은 것이다. 오언율시의 형식에 따라 기승전결로 시상이 전개되며 어두운 봄날 밤에 찾아온 봄비가 메마른 자연을 적셔주는 모습을 섬세하게 묘사한 명시로 꼽힌다.

작가 소개

두보(杜甫 Dù Fǔ)는 중국 당대의 시인으로서 '시성(詩聖)'이라 불린다. 안녹산의 난, 북방 이민족 침략 등 복잡한 사회현실 때문에 정착하지 못하고 전국 각지를 떠돌다 객사했다. 두보의 시 세계는 전체적으로 암울한 분위기이지만 침울한 일생을 율시의 근엄한 형식과 섬세한 예술적 기교로 주옥같은 다수의 작품을 빚어냈다.

함께 토론

请说说讨价还价的经历。

흥정한 경험에 대해 이야기해 봅시다.

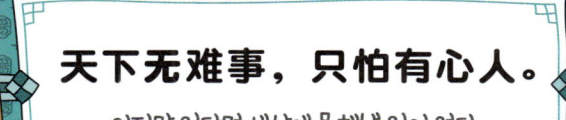

天下无难事，只怕有心人。

의지만 있다면 세상에 못해낼 일이 없다.

UNIT 09
很高兴能到您家来做客。
댁에 초대받아 정말 기뻐요.

학습 목표
- 중국인의 생활 습관과 우리의 생활 습관을 비교해서 말할 수 있다.
- 방문 예절과 관련된 표현을 자유롭게 말할 수 있다.

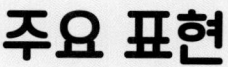 주요 표현

 expressions

⭐ 발음과 억양에 유의하여 따라 읽어 봅시다.

⭐ 현지인의 일상 대화 속도로 따라 읽어 봅시다.

01 这个周末我想请你跟玛丽一起去我家。
Zhège zhōumò wǒ xiǎng qǐng nǐ gēn Mǎlì yìqǐ qù wǒ jiā.

02 她非要给你家买礼物不可。
Tā fēi yào gěi nǐ jiā mǎi lǐwù bùkě.

03 这就是我常跟你们说起的玛丽。
Zhè jiùshì wǒ cháng gēn nǐmen shuō qǐ de Mǎlì.

04 这是我的一点儿心意。
Zhè shì wǒ de yìdiǎnr xīnyì.

05 我也很高兴能到您家来做客。
Wǒ yě hěn gāoxìng néng dào nín jiā lái zuòkè.

본문 대화

 대화1 왕펑이 데이비드에게 주말 계획을 묻는다.

왕펑　大卫，有件事跟你商量一下儿，你这个周末有空儿吗？

데이비드　这个周末我想去趟书店，不过并不急。有什么事？

왕펑　有重要的事，而且这件事还非你去不可。

데이비드　什么事那么重要？我可除了吃什么也不会。

왕펑　真让你说着了，就是请你去吃。

데이비드　你别逗我啊，我一听吃心里就痒痒。

왕펑　不开玩笑，这个周末我想请你跟玛丽一起去我家。

데이비드　真的吗？我最喜欢吃你妈妈做的菜了。

왕펑 　我妈现在还老说起你呢。说那个爱吃四川菜的大卫好久没来了，可是玛丽来中国时间不长，还没去过我家，我想请她也到我家坐坐，了解一下儿中国人的家庭生活，这样对她学习汉语也有好处。

데이비드 　你跟她说了吗？

왕펑 　已经说好了，后天晚上六点你带她去我家，怎么样？

데이비드 　好，一言为定。

★ 왕펑과 친구들은 언제 몇 시에 만나기로 했습니까?

商量 shāngliang 동 상의하다, 의논하다 | **除了** chúle 개 ~을 제외하고 | **逗** dòu 동 희롱하다, 놀리다 | **痒痒** yǎngyang 형 좀이 쑤시다, 근질근질하다

본문 대화

 대화2 왕펑의 집에 가기로 약속한 날, 데이비드와 메리가 뛰어온다.

데이비드	对不起，对不起，我们来晚了。
왕펑	我在门口站了半天了。是不是我家的地址不好找？
데이비드	这倒不是，都怪玛丽，她非要给你家买礼物不可。我对她说我带了一瓶酒，算是我们俩的，她还不答应。
왕펑	大卫，你总是不听我的，每次来都带酒。
데이비드	你爸爸最喜欢喝这种酒，一会儿我跟你爸爸一块儿喝。
메리	大卫，王峰的爸爸厉害吗？在美国的时候，我最怕和同学的爸爸谈话了。

데이비드	我很喜欢跟王峰的爸爸聊天儿，他爸爸最喜欢说："小峰这孩子太贪玩儿，你们得多帮助他。"
왕펑	别站在外边聊啊，快进去吧！
메리	哎，大卫，见了王峰的爸爸妈妈，我应该怎么称呼?
데이비드	你叫"伯父、伯母"就行了。
메리	我真不知道在中国人家里该说些什么。
데이비드	你跟我学啊，我怎么说你就怎么说。

★ 데이비드는 무슨 선물을 가지고 왔습니까?

倒 dào 부 오히려 | 怪 guài 동 책망하다, 원망하다 | 答应 dāying 동 동의하다, 승낙하다, 허락하다 | 贪 tān 동 탐내다, 욕심을 부리다 | 称呼 chēnghu 동 부르다 | 伯父 bófù 명 친구의 아버지를 높여 부르는 말[원래 큰아버지, 백부의 뜻임] | 伯母 bómǔ 명 친구의 어머니를 높여 부르는 말[원래 큰어머니, 백모의 뜻임]

본문 대화

 대화 3 메리와 데이비드가 왕펑의 부모님께 인사한다. MP3 09-05

왕펑	爸！妈！我的朋友来了。
왕펑 어머니	哦，快请进来！
왕펑	(부모님에게) 这就是我常跟你们说起的玛丽。 (메리에게) 玛丽，这是我父母。
메리	伯父！伯母！
왕펑 부모님	欢迎欢迎！
데이비드	伯父，伯母，还记得我吗？
왕펑 아버지	噢，大卫，你可好久没到我们家来了。
메리	(과일을 드리며) 伯母，这是我的一点儿心意。
왕펑 어머니	怎么还带礼物来啊！以后可别带了。来来来，快到里边坐吧！
메리	(안쪽 방으로 들어가며) 伯母，您家真宽敞啊！
왕펑 어머니	哪里，还是太小，客人来多了都坐不下。
왕펑 아버지	别光站着说话，快请客人坐啊！小峰，给客人倒点儿茶。

dialogues

왕평 어머니: 你们都是小峰的朋友，到了这儿就像到了自己家一样，千万别客气。来，这儿有糖，有水果，随便吃。小峰，给你的朋友剥几个桔子。

데이비드: 伯母，您别忙了，我们自己来。
(왕평의 아버지에게) 伯父，好久不见了，您身体还好吧？

왕평 아버지: 老了，不如从前了，谢谢你老想着我们。小峰一回家就说起你们，我很高兴小峰有你们这样的外国朋友！

메리: 我也很高兴能到您家来做客。

왕평 어머니: 小峰，你陪客人坐着，我去给你们做饭。

왕평: 我也去吧，帮帮您的忙。

데이비드: 伯母，别太麻烦了。

왕평 어머니: 不麻烦，家常便饭，一会儿就好。玛丽，你是第一次来，待会儿尝尝我的手艺。

心意 xīnyì 명 마음, 성의 | 宽敞 kuānchang 형 넓다 | 光 guāng 부 다만, 오직 | 倒 dào 동 따르다 | 千万 qiānwàn 부 부디, 절대로 | 随便 suíbiàn 부 마음대로, 편한 대로 | 剥 bāo 동 (껍질 등을) 까다 | 桔子 júzi 명 귤 | 做客 zuòkè 동 손님이 되다, 방문하다 | 陪 péi 동 모시다 | 家常便饭 jiācháng biànfàn 명 평소 집에서 먹는 식사 | 待会儿 dāi huìr 잠시 후에 | 手艺 shǒuyì 명 솜씨

본문 해설

1. 我可除了吃什么也不会。 나는 먹는 거 말곤 할 줄 아는 게 없어.

除了……(以外), ……也……는 '~ 외에 ~도 ~하다'라는 의미로 자주 쓰이는 형식입니다. 뒤에 不나 没有가 따라오면 배제를 나타내는 용법으로 쓰입니다.

예 除了老板以外，谁也不知道这件事。 사장님 외에 아무도 이 일을 모른다.

除了天安门，哪儿也没去过。 톈안먼 외에 어디도 가 보지 못했다.

2. 真让你说着了。 바로 맞혔어.

상대방의 말이 마침 자신의 생각과 일치할 때 하는 말입니다.

예 A 看来你不喜欢旅游。
보아하니 너는 여행을 좋아하지 않나 보구나.

B 真让你说着了，不忙的时候，我喜欢静静地看看书。
바로 맞혔어. 바쁘지 않을 때는 난 조용히 책 보는 걸 좋아해.

A 你不喜欢上早上的课，是吧?
넌 아침 수업을 좋아하지 않아, 그렇지?

B 真让你说着了，早上又困又累，有时候连饭都顾不上吃。
바로 맞혔어. 아침엔 졸리고 피곤해서 어떨 때는 밥 먹을 틈도 없어.

3. 心里痒痒。 근질근질하다.

'좀이 쑤시다', '근질근질하다'는 의미로 어떤 일을 매우 하고 싶어 참기 어려움을 나타냅니다.

예 一听说有酒喝，他就心里痒痒。
마실 술이 있다고 듣자 그는(마음이) 근질근질했다.

看见别人打牌，你心里痒痒了，是不是?
다른 사람이 마작하는 걸 보니, 근질근질하지?

grammar

4. 一言为定。 그럼 결정한 거다.

어떤 결정이 내려진 이상, 다시 바꾸지 않을 것임을 나타내는 말입니다.

- A 这次我请客，下次你请，怎么样? 이번에 내가 한턱낼 테니 다음엔 네가 사, 어때?
  B 好，一言为定! 좋아, 그렇게 하자!

  A 你真的愿意帮我们的忙吗? 너 정말 우리를 돕기를 원하니?
  B 那当然啦，咱们一言为定! 당연하지, 우리 그렇게 하기로 하자!

5. 我怎么说你就怎么说。 내가 말하는 대로 너도 따라 해.

怎么……怎么……는 '~(어떻게) 하는 대로 ~(어떻게) 하다'라는 뜻입니다. 두 개의 동일한 의문사를 호응시키는 용법으로, 이때 두 개의 의문사는 동일한 사람·사물·시간·장소·방법 등을 나타냅니다.

- 你想怎么办就怎么办吧! 네가 하고 싶은 대로 해!

  她总是挣多少花多少。 그녀는 항상 버는 대로 쓴다.

6. (我们) 自己来。 (저희가) 할게요.

어떤 일을 자신 스스로 하겠다고 밝히는 예의 바른 표현입니다.

- A 这里有很多饮料，你想喝什么? 여기 음료가 아주 많은데 어떤 걸로 마시겠습니까?
  B 您别客气，我自己来。 너무 예의 차리지 마세요, 제가 직접 할게요.

  A 我帮你拿行李吧。 내가 짐 들어 줄게.
  B 不用，我自己来吧。 아니야, 내가 할게.

교체 연습

 예문을 보고 새로운 단어를 넣어 말해 봅시다.

MP3 09-07

01 我除了吃什么也不会。

나는 먹는 거 말고는 할 줄 아는 게 없어.

❶ 他　　　　　看电视　　　什么　　　不干

❷ 今天的晚会　　大卫　　　　谁　　　　不去

❸ 昨天　　　　　他　　　　　谁　　　　没来

MP3 09-08

02 我最怕和同学的爸爸谈话。

나는 친구 아버지와 얘기 나누는 게 제일 무서워.

❶ 一个人走夜路

❷ 你生我的气

❸ 和女朋友吵架

practice

🎧 MP3 09-09

03 我怎么<u>说</u>你就怎么<u>说</u>。

내가 말하는 대로 너도 따라 해.

❶ 做　　　　　做

❷ 吃　　　　　吃

❸ 玩儿　　　　玩儿

🎧 MP3 09-10

04 <u>客人来多了</u>都<u>坐</u>不下。

손님이 많이 오면 다 앉을 수도 없어.

❶ 菜做多了　　　　吃

❷ 东西太多了　　　装

❸ 卧室太小连一张床　搁*

搁 gē 통 놓다, 두다

09 很高兴能到您家来做客。 119

중국의 술 문화

중국은 오랜 역사만큼이나 유서 깊은 술 문화가 있으며 "모임에는 술이 꼭 있어야 한다(无酒不成席 wújiǔ bùchéngxí)"라는 말이 있듯이 술은 중국인의 생활 속에 깊이 자리 잡고 있다. 중국의 전통 술은 도수가 높은 곡주가 대부분이며, 술 예절 또한 우리나라와 다른 점이 있다.

종류

중국의 전통술은 다양한 종류가 있지만 크게 증류주인 바이주(白酒), 곡물을 발효시켜 만든 술인 황주(黄酒), 혼성주인 야오웨이주(药味酒) 세 가지로 분류된다. 바이주 중에서는 프랑스 꼬냑, 미국의 위스키와 함께 세계 3대 증류주로 꼽히는 마오타이주(茅台酒)가 유명하며, 중국 전통술 중 유일하게 국주(国酒)라는 칭호를 얻었다. 황주 중에서는 샤오싱주(绍兴酒), 야오웨이주 중에는 주예칭주(竹叶青酒)가 가장 유명하다.

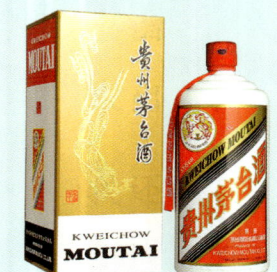
마오타이주

샤오싱주

주예칭주

예절

술을 따를 때 가득 따르는 것이 예의이며 잔이 비는 것을 실례로 여기므로 계속해서 첨잔한다. 건배 제의할 때는 직접 잔을 부딪치는 대신 탁자를 가볍게 두드리며, 술잔을 돌리거나 강권하지 않는다. '차로 술을 대신하는 것(以茶代酒 yǐ chá dài jiǔ)'도 가능하며 술만 마시기보단 보통 식사와 함께 이루어진다.

culture

술 관련 어휘

干杯	gānbēi	(건배할 때) 잔을 비우다
碰杯	pèngbēi	(건배할 때) 잔을 서로 부딪다
酒鬼	jiǔguǐ	술고래
发酒疯	fā jiǔfēng	술주정을 하다
解酒	jiějiǔ	해장하다
酒量	jiǔliàng	주량
喜酒	xǐjiǔ	결혼 축하주
喝喜酒	hē xǐjiǔ	축하주를 마시다, 결혼식에 참석하다
随意	suíyì	마음대로(마시고 싶은 만큼 마시라는 뜻)
敬酒	jìngjiǔ	술을 권하다
先干为敬	xiān gàn wèi jìng	먼저 잔을 비워 경의를 표한다
下酒菜	xiàjiǔcài	술안주
发财酒	fācáijiǔ	부자되는 술 (술병에서 마지막으로 따른 술을 가리킴)
酒后吐真言	jiǔhòu tǔ zhēnyán	취중진담
代饮	dàiyǐn	술을 대신 마셔주는 사람(흑기사)

不经过琢磨，宝石也不会发光。

연마하지 않으면
어떠한 보석도 빛날 수 없다.

스스로 확인

- ☐☐ 商量
- ☐☐ 逗
- ☐☐ 痒痒
- ☐☐ 倒
- ☐☐ 怪
- ☐☐ 贪
- ☐☐ 称呼
- ☐☐ 伯父
- ☐☐ 心意
- ☐☐ 宽敞
- ☐☐ 随便
- ☐☐ 剥
- ☐☐ 做客
- ☐☐ 家常便饭
- ☐☐ 手艺

함께 토론

请说说去朋友家做客应该注意些什么。

친구 집을 방문할 때의 주의점에 대해 이야기해 봅시다.

UNIT 10

谢谢你们的热情招待。

환대에 감사드립니다.

학습 목표
- 식사할 때 및 헤어질 때의 예의 바른 표현을 말할 수 있다.

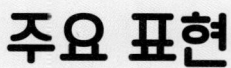 주요 표현

 expressions

⭐1 발음과 억양에 유의하여 따라 읽어 봅시다.

MP3 10-00

⭐2 현지인의 일상 대화 속도로 따라 읽어 봅시다.

01 伯父，您和伯母是做什么工作的？
Bófù, nín hé bómǔ shì zuò shénme gōngzuò de?

02 我妈做四川菜最拿手了。
Wǒ mā zuò Sìchuāncài zuì náshǒu le.

03 我也做不出什么好菜，随便吃点儿吧。
Wǒ yě zuò bu chū shénme hǎo cài, suíbiàn chī diǎnr ba.

04 伯父，伯母，谢谢你们的热情招待。
Bófù, bómǔ, xièxie nǐmen de rèqíng zhāodài.

05 别送了，请留步。
Bié sòng le, qǐng liúbù.

본문 대화

 메리와 데이비드가 왕펑의 아버지와 이야기한다.   MP3 10-01

메리 伯父，您和伯母是做什么工作的？

왕펑 아버지 我们都在银行工作。

메리 工作忙吗？

왕펑 아버지 工作不太忙，就是工作单位离家远了点儿。

메리 那每天要很早起来上班吧？

왕펑 아버지 是啊，要是赶上刮风下雨，起得就更早了，不过时间长了也就习惯了。

데이비드 您还常常看京剧吗？

왕펑 아버지 那当然啦！我和小峰的妈妈都是戏迷。

데이비드 我现在也爱看京剧，可是很多有关京剧的知识还不懂，将来还得向您请教。

왕펑 아버지 别客气。不过，关于京剧的知识，我还真知道一些。

데이비드 我特别想学唱京剧。

왕펑 아버지 说到唱我可不行，(주방을 가리키며) 他妈妈行。

dialogues

(왕펑과 왕펑의 어머니가 거실로 온다)

왕펑 어머니 说我什么呢？(모두에게) 饭做好了，边吃边聊吧。

왕펑 各位请入席，今天有我做的一个菜。

메리 你也会做菜？

★ 왕펑의 부모님은 무슨 일을 합니까?

单位 dānwèi 명 직장, 회사 | 上班 shàngbān 동 출근하다 | 迷 mí 명 애호가, 광(狂)팬 | 请教 qǐngjiào 동 가르침을 청하다 | 入席 rùxí 동 자리에 들다

본문 대화

 대화2 메리, 데이비드, 왕펑 가족이 다 같이 식사를 하며 이야기한다. 🎧 MP3 10-03

메리	哎呀，做了这么多菜啊！
데이비드	伯母，您辛苦了。
왕펑 어머니	不辛苦，只要你们喜欢吃就行了。
메리	伯母做的菜一定好吃。
왕펑	我妈做四川菜最拿手了，我从小就爱吃。
데이비드	我也特别特别喜欢吃，而且一吃起来就没够。
왕펑 어머니	我也做不出什么好菜，随便吃点儿吧。
데이비드	那我们就不客气了。
왕펑 어머니	这是鱼香肉丝，玛丽，你能吃辣的吗？
메리	我很喜欢吃辣的，不过，我听说中国有的地方的辣椒特别辣。
데이비드	四川菜很多都是辣的。咱们学校附近有个四川饭馆儿，我常去那儿吃。
왕펑 어머니	尝尝我做的四川菜。玛丽，喜欢吃吗？

dialogues

메리 　真好吃！比我们学校食堂的菜强多了。

왕펑 어머니 　喜欢吃就多吃点儿。(메리에게 요리를 집어 주며) 来，尝尝这个。

메리 　谢谢，您别客气，我自己来。

데이비드 　伯母，要是您去美国开个饭馆儿，肯定发大财。

왕펑 　哎，我做的菜你们还没尝过呢！

메리 　哪个是你做的菜？

왕펑 　素炒土豆丝。怎么样？味道还可以吧？

메리 　嗯，相当不错。看不出来你还真有两下子。

★ 왕펑이 만든 요리의 이름은 무엇입니까?

MP3 10-04

拿手 náshǒu 형 (어떤 기술에 아주) 뛰어나다 | 从小 cóngxiǎo 부 어릴 때부터 | 鱼香肉丝 yúxiāng-ròusī 고유 어향소스 돼지고기 볶음(식초, 간장, 두반장, 맛술, 설탕과 물을 넣고 만든 매우면서도 새콤달콤한 소스에 돼지고기를 가늘게 썰어 죽순, 목이버섯, 잘게 썬 파, 생강 등 야채를 넣어 볶아 만든 요리) | 辣 là 형 맵다 | 辣椒 làjiāo 명 고추 | 发财 fācái 동 돈을 벌다, 부자가 되다 | 素炒土豆丝 sùchǎo-tǔdòu-sī 고유 감자채 볶음 | 味道 wèidao 명 맛 | 相当 xiāngdāng 부 상당히, 무척, 꽤

본문 대화

 대화3 데이비드와 메리가 왕펑의 부모님과 작별 인사를 나눈다. MP3 10-05

데이비드	伯父，伯母，时间不早了，我们该回去了。
왕펑 어머니	急什么，再坐一会儿吧。今天吃好了吗？
메리	吃好了。伯母，您做的菜真好吃！
왕펑 어머니	你要是爱吃就常来，我天天给你做。
데이비드	那可糟了！玛丽一定会住在您这儿了。
왕펑 어머니	大卫真爱开玩笑。
메리	他就是这样的人，我们都拿他没办法。其实啊，他比谁都馋，早就想住在您这儿了。
데이비드	伯父，伯母，谢谢你们的热情招待。
메리	是啊，耽误你们这么长时间，真过意不去。
왕펑 아버지	别这么说，你们能来我们也很高兴，平时可没这么热闹。
왕펑 어머니	欢迎你们常来。我们老两口儿都喜欢热闹。
데이비드	以后有空儿我们一定来。您二位明天还要早起上班呢，早点儿休息吧。我们就不多打扰了。

dialogues

왕펑 아버지: 你们明天还得上课，我们也不留你们了，以后想来，打个电话就行了。

데이비드: 您放心，有伯母做的那么好吃的菜，我不来，玛丽也会来的。

메리: 看你说的！

데이비드: 伯父，伯母，我们走了，再见！

왕펑 부모님: 慢走啊！

데이비드: 别送了，请留步。

왕펑 아버지: 那我们就不远送了，小峰，你替我们送送客人吧。

★ 데이비드가 왕펑의 부모님을 부르는 호칭은 무엇입니까?

새 단어

糟 zāo 형 엉망이다, 좋지 않다 | 耽误 dānwù 동 시간을 허비하다 | 过意不去 guò yì bú qù 미안해하다, 죄송하게 생각하다 | 平时 píngshí 명 보통 때, 평소 | 热闹 rènao 형 시끌벅적하다, 왁자지껄하다 | 老两口儿 lǎoliǎngkǒur 명 노부부 | 慢走 mànzǒu 동 살펴 가세요[주인이 손님을 배웅할 때 하는 말] | 留步 liúbù 동 나오지 마십시오[손님이 자신을 배웅하는 주인에게 하는 말] | 不远送了 bù yuǎn sòng le 멀리 안 나가겠습니다[주인이 손님을 배웅할 때 하는 말]

본문 해설

1. 戏迷 연극 마니아

迷에는 '빠지다', '헷갈리다'라는 동사의 의미 외에 '애호가', '광팬'이라는 명사의 의미도 있습니다.

예) 歌迷 가요팬　　影迷 영화 마니아　　球迷 축구팬
　　小说迷 소설광　　吉他迷 기타광　　财迷 구두쇠

2. 只要你们喜欢吃就行了。 너희가 맛있게만 먹어 주면 돼.

只要……, 就……는 '~하기만 하면 ~하다'는 의미로, 어떤 조건만 주어지면 반드시 어떤 결과가 나타남을 나타낼 때 쓰입니다.

예) **只要有你就够了。** 너만 있으면 된다.

只要有护照就可以申请到美国旅游。 여권만 있으면 바로 미국 여행을 신청할 수 있다.

3. 那我(们)就不客气了。 그럼 사양하지 않겠습니다.

선물이나 대접을 받았을 때 사용하는 인사말입니다.

예) A **来，尝尝我做的家乡菜。**
　　　자, 내가 만든 고향 음식 맛 좀 봐.

　　B **好，那我们就不客气了。**
　　　좋아, 그럼 우리 사양하지 않고 먹을게.

　　A **这是我从国外给你带回来的小工艺品。**
　　　이것은 내가 너를 위해 외국에서 가져온 작은 공예품이야.

　　B **太漂亮了！那我就不客气了。**
　　　너무 예쁘다! 그럼 사양하지 않고 받을게.

4. 你还真有两下子。 정말 재주가 있구나.

상대방이 능력 있고 수준이 높음을 칭찬하는 표현입니다.

예 他打麻将可有两下子。 그는 마작 실력이 좋다.

真看不出你跳舞也有两下子。 네가 춤에도 재주가 있는 줄은 몰랐다.

5. 看你说的! 말하는 것 좀 봐!

상대방이 사과나 감사의 뜻을 전하거나 농담 또는 부적절한 언급을 했을 때 不要这么说 (그런 말씀 마세요)의 의미로 사용하는 표현입니다.

예 A 我真不知道该怎么感谢你。
　　어떻게 고맙다고 해야 할지 정말 모르겠다.

　B 看你说的, 朋友之间, 不要说这样的话。
　　말하는 것 좀 봐, 친구 사이에 그런 말 하지 마.

　A 听说你特别爱吃羊肉串儿, 一次能吃五十串儿。
　　듣자하니 너는 양꼬치를 아주 좋아해서 한 번에 50개도 먹는다며?

　B 看你说的, 我哪儿吃得了那么多啊, 最多四十九串儿。
　　말하는 것 좀 봐, 내가 어떻게 그렇게 많이 먹을 수 있겠어, 최고 많이 먹은 게 (기껏해야) 49개(꼬치)야.

6. 你替我们送送客人吧。 네가 우리 대신 손님들 배웅해라.

替는 '~을 대신하다'라는 뜻의 동사로 쓰입니다.

예 你替我向他解释。 네가 나 대신 그에게 설명해 줘.

또 '~을 위하여 ~에게'라는 뜻의 개사로도 쓰입니다.

예 开餐厅主要还是要替顾客着想。
　　식당을 열 때 중요한 것은 역시 고객을 위해 생각하는 것이다.

교체 연습

 예문을 보고 새로운 단어를 넣어 말해 봅시다.

MP3 10-07

01 说到<u>唱</u>我可不行。

노래 부르는 거라면 난 정말 꽝이야.

❶ 跳舞

❷ 做菜

❸ 喝酒

MP3 10-08

02 只要<u>你们喜欢吃</u>就<u>行了</u>。

너희가 맛있게만 먹어 주면 돼.

❶ 努力工作　　　会得到晋升*的机会

❷ 坚持不懈*　　　一定会成功

❸ 听到这首歌　　会忍不住跟着哼*

晋升 jìnshēng 동 승진하다 |
坚持不懈 jiānchí bùxiè 성 꾸준하게 하다 |
哼 hēng 동 흥얼거리다, 콧노래 부르다

practice

03 <u>四川菜</u>很多都是<u>辣</u>的。

MP3 10-09

쓰촨요리는 대부분 매워.

① 这故事　　　　假

② 考题　　　　　老师平时讲过

③ 我的衣服　　　姐姐穿过

04 他比谁都<u>馋</u>。

MP3 10-10

그가 누구보다도 식탐이 많은 걸요.

① 难过

② 爱你

③ 喜欢古典音乐

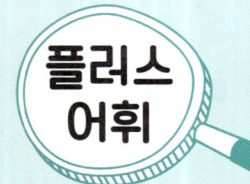 주방

水槽 shuǐcáo 싱크대

冷藏室 lěngcángshì 냉장실

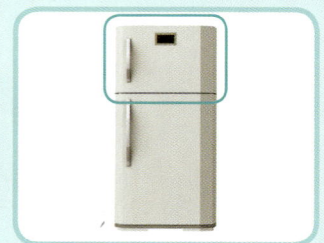
冷冻室 lěngdòngshì 냉동실

微波炉 wēibōlú 전자레인지

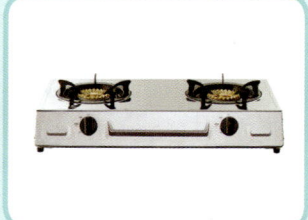
煤气灶 méiqìzào 가스레인지

电饭锅 diànfànguō 전기밥솥

烤箱 kǎoxiāng 오븐

搅拌机 jiǎobànjī 믹서

案板 ànbǎn 도마

饭碗 fànwǎn 밥공기

饭勺 fànsháo 주걱

汤勺 tāngsháo 국자

words

조리 방법 관련 어휘

削	xiāo	깎다, 벗기다
切	qiè	썰다
搅拌	jiǎobàn	섞다
包	bāo	싸다
擀	gǎn	(반죽을) 밀다
腌	yān	절이다
煮	zhǔ	익히다
蒸	zhēng	찌다
炖	dùn	삶다
熏	xūn	훈제하다
熬	áo	오래 끓이다
烤	kǎo	굽다
炸	zhá	튀기다
煎	jiān	지지다, 부치다
炒	chǎo	볶다

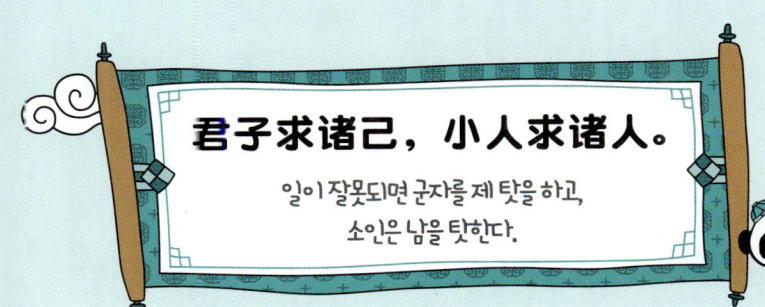

君子求诸己，小人求诸人。

일이 잘못되면 군자를 제 탓을 하고,
소인은 남을 탓한다.

 스스로 확인

- ☐☐ 单位
- ☐☐ 迷
- ☐☐ 请教
- ☐☐ 入席
- ☐☐ 拿手
- ☐☐ 辣
- ☐☐ 发财
- ☐☐ 味道
- ☐☐ 相当
- ☐☐ 糟
- ☐☐ 耽误
- ☐☐ 过意不去
- ☐☐ 热闹
- ☐☐ 老两口儿
- ☐☐ 留步

 함께 토론

请说说吃饭和告别时的礼貌用语。

식사와 작별 인사할 때의
예의 바른 표현에 대해
이야기해 봅시다.

UNIT 11

你教我做这个菜吧！

그 요리 만드는 것 좀 가르쳐 줘!

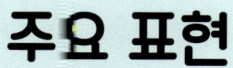

주요 표현

expressions

1 발음과 억양에 유의하여 따라 읽어 봅시다.

2 현지인의 일상 대화 속도로 따라 읽어 봅시다.

01 我从来就没做过菜!
Wǒ cónglái jiù méi zuò guo cài!

02 哎，对了，你教我做这个菜吧!
Āi, duì le, nǐ jiāo wǒ zuò zhège cài ba!

03 切成细丝，越细越好。
Qiē chéng xìsī, yuè xì yuè hǎo.

04 炒一会儿以后，把青椒放进去一起炒。
Chǎo yíhuìr yǐhòu, bǎ qīngjiāo fàng jìnqu yìqǐ chǎo.

05 那就要看你的口味了，喜欢吃咸的就多放点儿。
Nà jiù yào kàn nǐ de kǒuwèi le, xǐhuan chī xián de jiù duō fàng diǎnr.

본문 대화

 대화1 메리가 왕펑에게 요리를 가르쳐 달라고 한다.　　　MP3 11-01

메리　王峰，你妈妈做的菜真好吃，要是我妈妈也会做这些菜该多好！

왕펑　为什么要让妈妈做呢？你自己不会学着做吗？

메리　我哪儿会做呀？我从来就没做过菜！

왕펑　其实做菜没有什么难的，一学就会。你看我，不是也会做几个菜吗？

메리　可是"说起来容易，做起来难"哪。对了，我想起来了，你那个"炒土豆"做得不错，我常吃土豆，可从来没吃过炒土豆。

왕펑　那不是"炒土豆"，是素炒土豆丝。

메리　对不起，我忘了。哎，对了，你教我做这个菜吧！

왕펑　行啊，你有厨房用具吗？

 丝 sī는 '실과 같이 가느다란 것'을 나타내며, 요리에 쓰이면 '채'라는 의미가 됩니다. 이 밖에 丁 dīng은 정사각형 모양, 片 piàn은 얇고 넓은 모양, 块 kuài는 덩어리 모양이라는 의미가 있습니다.

dialogues

메리 有哇，我们留学生楼里有个公用厨房，有几个同学很喜欢自己做饭，我可以跟他们借。

왕핑 那好，如果调料都有的话，你买几个土豆和青椒就行了。

메리 那就这么定了，明天辅导的一个重要内容：学做中国菜。

★ 감자채 볶음을 만들 때 필요한 재료는 무엇입니까?

从来 cónglái 튀 지금까지, 여태껏 | 炒 chǎo 통 볶다 | 土豆 tǔdòu 명 감자 | 丝 sī 명 실같이 가느다란 것, 채 | 用具 yòngjù 명 도구, 용구 | 调料 tiáoliào 명 조미료 | 青椒 qīngjiāo 명 피망

본문 대화

 대화2 다음 날 저녁, 왕펑이 메리에게 요리를 가르쳐 준다.  MP3 11-03

왕펑　玛丽，东西都准备好了？

메리　那当然了！土豆、青椒、葱、油、盐、醋都有了，你看还缺什么？

왕펑　差不多了。那咱们开始吧！咱们先把土豆、青椒、葱切成丝。我切土豆，你来切青椒。

메리　怎么切呀？

왕펑　切成细丝，越细越好。注意别切了手。

잠시 후

메리　王峰，你还真行，土豆丝切得那么细。你看我，青椒切得像树叶似的。

왕펑　没关系，再切几刀不就行了？

메리　还是你来切吧，要不有的粗，有的细，放在一起多难看哪！

왕펑　好吧，我来切，你去点火。

메리　(불을 붙이며) 锅热了，先放什么呀？

왕펑　先倒点儿油。

dialogues

메리: 倒多少哇?

왕펑: 你倒吧，我看着。

倒……再倒一点儿……哎呀，倒多了。

메리: 哎! 油冒烟了!

왕펑: 快放葱丝。

메리: 葱丝在哪儿?

왕펑: 你呀! 还是我来吧。你在旁边注意看我做。

메리: 行，我瞪大眼睛看着。

왕펑: (말하면서 요리한다) 放上葱丝，炒几下儿，然后把土豆丝放进去，再放几滴醋，这样炒出来的土豆丝是脆的，好吃。炒一会儿以后，把青椒放进去一起炒。炒到差不多熟了的时候，再放点儿盐，素炒土豆丝就做好了。 ★ 왕펑은 팬이 달궈진 다음에 무엇을 넣었습니까?

MP3 11-04

葱 cōng 몡 파 | 盐 yán 몡 소금 | 醋 cù 몡 식초 | 缺 quē 동 모자라다 | 切 qiē 동 자르다, 썰다 | 细 xì 형 가늘다 | 树叶 shùyè 몡 나뭇잎 | 似的 shìde 조 비슷하다, 마치 ~과 같다 | 粗 cū 형 굵다 | 点火 diǎnhuǒ 동 불을 붙이다 | 锅 guō 몡 냄비, 솥 | 冒 mào 동 나다, 뿜어나오다 | 烟 yān 몡 연기 | 瞪 dèng 동 눈을 크게 뜨다 | 滴 dī 양 방울[둥글게 맺힌 액체 덩이를 세는 단위] | 脆 cuì 형 바삭바삭하다, 아삭아삭하다

11 你教我做这个菜吧! 141

본문 대화

 왕펑과 메리가 완성된 요리를 먹으며 이야기한다. MP3 11-05

왕펑　来，你尝尝。

메리　哎呀，真香！

왕펑　怎么样？炒菜不太难吧？

메리　看你做倒是挺容易的，就是不知道我能不能做好。还有，我怎么知道熟没熟呢？

왕펑　差不多的时候你可以尝一尝啊，以后有了经验，一看菜的颜色就知道了。

메리　那盐要放多少呢？

왕펑　那就要看你的口味了，喜欢吃咸的就多放点儿。不过开始的时候，你可得少放点儿，不够再加。要是一下子放多了，那就没办法了。

메리　我明白了。王峰，你什么时候再教我做几个菜？等我学会了，回美国帮我爸开个中国饭馆儿。

왕펑　哎呀，那我可吃不着了！

메리　谁知道呢！也许你以后会去美国留学的。

dialogues

왕룽: 要是那样的话，我天天去你家的饭馆儿吃饭。

메리: 当然可以，而且免费招待，不过，那时候我要聘你做我的大师傅。

왕룽: 啊？还是我做呀？

★ 요리에 소금은 얼마나 넣어야 합니까?

熟 shóu 형 (음식이) 익다 | 经验 jīngyàn 명 경험 | 口味 kǒuwèi 명 구미, 기호 | 咸 xián 형 짜다 | 聘 pìn 동 모시다, 초빙하다 | 大师傅 dàshīfu 명 요리사, 주방장

본문 해설

1. 我从来没做过菜! 나는 요리를 해 본 적이 없어!

从来没……过는 '여태껏 ~한 적이 없다'는 의미로 경험의 부정을 나타냅니다.

> 예) 我从来没说过那句话。 나는 여태껏 그런 말을 한 적이 없다.
>
> 他从来没吃过中国菜。 그는 여태껏 중국 요리를 먹어 본 적이 없다.

2. 你还真行。 너 정말 대단하다.

行은 '유능하다', '대단하다'는 뜻도 있으므로 상대방의 의외의 재능을 칭찬할 때도 쓸 수 있습니다.

> 예) A 我翻译得怎么样? 내가 번역한 것 어때?
>
> B 你还真行! 什么时候学的法语? 너 정말 대단하다! 프랑스어는 언제 배운 거야?

3. 像树叶似的 마치 나뭇잎처럼

像……似的는 '마치 ~같다'라는 의미로 어떤 사물이나 상황과 비슷함을 나타냅니다.

> 예) 那个小姑娘的脸红得像苹果似的。 그 소녀의 얼굴은 사과처럼 빨갛다.
>
> 我父母像后爸后妈似的对待我。 우리 부모님은 마치 계부, 계모처럼 날 대한다.

4. 你呀! 너도 참!

상대방에 대한 원망이나 불평을 나타냅니다.

> 예) A 妈妈, 我把别人的窗户打破了。 엄마, 제가 남의 집 창문을 깼어요.
>
> B 你呀, 净给我找麻烦。 너도 참, 늘 나를 귀찮게 하는구나.
>
> A 我真的不会做饭。 난 정말 요리를 못해.
>
> B 你呀, 只会吃! 너도 참, 먹을 줄만 알아!

grammar

5. 还是我来吧。 그냥 내가 할게.

상대방이 어떤 일을 잘 못해서 상대방 대신 하겠다고 말할 때 쓰는 표현입니다.

- A 我找不出车子的毛病在哪儿。 차 어디가 고장이 났는지 못 찾겠어.
  B 还是我来吧。 그냥 내가 할게.

  A 这个字字典上找不到哇。 이 글자는 자전에서 찾을 수가 없는데.
  B 肯定有，还是我来吧。 분명히 있을 거야, 그냥 내가 찾아볼게.

6. 谁知道呢！ 누가 알아!

어떤 일에 대해 알지 못하거나 예측하기 어려움을 나타내는 표현입니다.

- A 这个菜又好吃又好看，是怎么做的呀？
  이 요리는 맛있고 보기 좋네, 어떻게 한 거야?

  B 谁知道呢。
  누가 알아.

  A 我看这次北京队一定打不过上海队。
  내가 볼 땐 이번에 베이징 팀은 상하이 팀을 이기지 못해.

  B 谁知道呢!
  누가 알아!

  A 他们俩吵得那么厉害，会不会分手哇？
  쟤네 저렇게 심하게 싸우는데 헤어지는 거 아니야?

  B 谁知道呢!
  누가 알아!

교체 연습

예문을 보고 새로운 단어를 넣어 말해 봅시다.

01 要是<u>我妈妈也会做这些菜</u>该多好！

우리 엄마도 그런 요리를 할 줄 아시면 얼마나 좋을까!

① 我也能出国留学

② 我有个这样的丈夫

③ 每天都这样

02 我哪儿会<u>做</u>呀？

내가 어떻게 할 수 있겠어?

① 修车

② 知道他是谁

③ 有那么多的钱

practice

MP3 11-09

03 青椒切得像树叶似的。

피망을 마치 나뭇잎처럼 썰어 놨어.

① 老虎　　画　　猫

② 饺子　　做　　馒头

③ 垃圾　　堆　　一座山

MP3 11-10

04 那就要看你的口味了。

그건 네 입맛에 달렸어.

① 你的表现

② 你选择谁

③ 明天天气

 **만두 빚기**

우리가 '만두'라고 부르는 것이 중국에서는 만터우(馒头 mántou), 바오쯔(包子 bāozi), 쟈오쯔(饺子 jiǎozi)로 나누어진다. 만터우는 소가 없는 만두로 북방 지역의 주식이고, 바오쯔와 쟈오쯔는 밀가루피에 다양한 소가 들어간 만두를 가리킨다. 일반적으로 바오쯔는 쪄서 먹고, 쟈오쯔는 물에 삶거나 튀겨 먹는 차이가 있다.

 만두 빚기

재료 밀가루, 잘게 다진 고기, 잘게 썬 채소, 간장, 조리용 술, 참기름, 소금, 쪽파, 다진 생강 등

❶ 밀가루에 물을 섞어 반죽합니다.

❷ 반죽을 담은 그릇에 젖은 보자기를 덮은 후 숙성시킵니다.

❸ 잘게 다진 고기에 간장을 넣은 후 고르게 섞어 줍니다.

❹ 조리용 술, 다진 생강, 쪽파, 참기름을 넣고, 마지막에 잘게 썬 채소와 소금까지 넣어 섞으면 만두 소가 완성됩니다.

❺ 일정한 크기로 반죽을 떼어 낸 후 밀대로 밀어 동그란 피를 만듭니다.

❻ 만두피 중앙에 소를 넣고 두 가장자리를 접습니다. 만두를 세워서 고정할 수 있도록 주름을 만들어서 만두를 반원 형태로 만듭니다.

culture

만두가 바닥에 달라붙지 않도록 구멍 뚫린 국자로 휘저어야 해요!

❼ 끓는 물에 만두를 넣고 뚜껑을 덮어 끓이다가 찬물을 조금 넣고 다시 끓입니다.

❽ 작은 종지에 식초와 간장을 담아 찍어 먹습니다.

스스로 확인

☐☐ 炒
☐☐ 丝
☐☐ 调料
☐☐ 青椒
☐☐ 葱
☐☐ 盐
☐☐ 醋
☐☐ 缺
☐☐ 点火
☐☐ 冒
☐☐ 瞪
☐☐ 脆
☐☐ 经验
☐☐ 口味
☐☐ 咸

함께 토론

请说几个中国菜的名字。

중국 요리의 이름을 말해 봅시다.

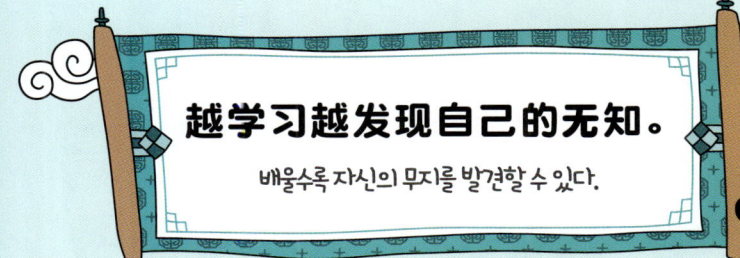

越学习越发现自己的无知。

배울수록 자신의 무지를 발견할 수 있다.

UNIT 12

我还是喜欢中国的民歌。

나는 중국 민요를 더 좋아해.

학습 목표
- 좋아하는 가수 및 노래에 대해 말할 수 있다.
- 배우고 싶은 중국 노래에 대해 말할 수 있다.

"꼬마 토끼야, 정말 하얗구나……
깡총깡총 정말 귀여워."

주요 표현 expressions

1 발음과 억양에 유의하여 따라 읽어 봅시다.

2 현지인의 일상 대화 속도로 따라 읽어 봅시다.

01 我喜欢慢一点儿的，温柔一点儿的。
Wǒ xǐhuan màn yìdiǎnr de, wēnróu yìdiǎnr de.

02 那我就凑合着教吧。
Nà wǒ jiù còuhe zhe jiāo ba.

03 和流行歌曲比起来，我还是喜欢中国的民歌。
Hé liúxíng gēqǔ bǐ qǐlai, wǒ háishi xǐhuan Zhōngguó de míngē.

04 你先听听，喜欢哪首我就教你哪首。
Nǐ xiān tīngting, xǐhuan nǎ shǒu wǒ jiù jiāo nǐ nǎ shǒu.

05 哎，北京儿歌倒是很有名的。
Āi, Běijīng érgē dàoshì hěn yǒumíng de.

본문 대화

 **대화1** 메리와 왕펑이 중국 노래에 대해 이야기한다.　　MP3 12-01

메리　哎，王峰，今天上课的时候，我们班口语老师教我们唱了一首中国的流行歌曲，叫……叫什么来着？反正是你们男生唱的歌。

왕펑　很多歌男女都能唱。

메리　这歌可不适合我们女生唱。老师给我们放了这首歌的视频，里面那个男的一边跳，一边扯着嗓子吼。

왕펑　听你的口气，你是不喜欢这首歌了？

메리　听听还可以，我可唱不了。不过我们班的男生唱得倒挺带劲儿，一唱起来震得我耳朵都疼。

왕펑　那你喜欢什么样的歌？

메리　我喜欢慢一点儿的，温柔一点儿的，像《月亮代表我的心》、《明天你是否依然爱我》什么的。

왕펑　你知道的还不少嘛！

메리　我的同屋喜欢这些歌。她经常看下载歌曲的网站。她整天听，我也就会跟着哼哼了，要是让我唱我还真唱不了，歌词都不知道是什么。

dialogues

왕펑 想学吗？我教你。

메리 你也喜欢唱歌？你可真行啊！打球、做饭、唱歌，样样都会。

왕펑 你先别夸我，我也是那种"扯着嗓子吼"的人，要是我一开口，说不定你就会捂着耳朵跑出去。

메리 不至于吧。

왕펑 那我就凑合着教吧。你说，想学什么？

메리 你最好教我唱中国民歌，和流行歌曲比起来，我还是喜欢中国的民歌，特别是中国少数民族的民歌。我在美国的时候，买过中国民歌的CD，学过几首，不过全都忘得差不多了。

왕펑 你想学哪个民族的歌呢？

메리 我都想学。

왕펑 你学得过来吗？我告诉你，中国有五十六个民族呢！要是都学，够你学一辈子的。

본문 대화

메리 那就教我几首你喜欢的歌吧。

왕평 这样吧，我回去在网上下载几首，下次辅导时用U盘带过来，你先听听，喜欢哪首我就教你哪首，怎么样？

메리 那太好啦！

★ 메리가 가장 배우고 싶은 노래는 무엇입니까?

MP3 12-02

流行歌曲 liúxíng gēqǔ 명 유행가 | 反正 fǎnzheng 부 어쨌든, 아무튼 | 放 fàng 동 틀다 | 视频 shìpín 명 비디오 | 扯 chě 동 (목청을) 높이다 | 嗓子 sǎngzi 명 목청 | 吼 hǒu 동 울부짖다, 으르렁거리다, 고함치다 | 口气 kǒuqì 명 말투, 어조 | 带劲儿 dàijìnr 형 신이 나다, 힘이 있다 | 震 zhèn 동 진동하다, 울리다 | 温柔 wēnróu 형 부드럽고 순하다, 따뜻하고 상냥하다 | 依然 yīrán 부 여전히 | 哼 hēng 동 콧노래 부르다, 흥얼거리다 | 捂 wǔ 동 가리다, 덮다 | 凑合 còuhe 동 임시변통하다, 아쉬운 대로 지내다 | 民歌 míngē 명 민요, 민가 | 少数民族 shǎoshù mínzú 명 소수민족 | 首 shǒu 양 수, 곡시나 노래를 세는 단위 | 民族 mínzú 명 민족 | 一辈子 yíbèizi 명 한평생, 일생 | U盘 yōupán 명 USB 메모리

dialogues

 **대화 2** 이틀 후, 왕펑이 메리에게 중국 민요를 가르쳐 준다.   MP3 12-03

메리	帮我下载民歌了吗?
왕펑	忘不了,早就准备好了。
메리	快让我看看。(컴퓨터를 켜며) 哟,这么多!
왕펑	这还算多呀?
메리	哎,这首《康定情歌》我在美国学过,好像是"跑马溜溜的山上,一朵溜溜的云哟……"哎呀,我忘了后边是什么词了。
왕펑	这是四川康定一带的藏族歌曲。
메리	这首《茉莉花》好像我也听过,可是我不会唱。
왕펑	这是中国南方的汉族民歌。你再听听这首蒙古族的,名字叫《敖包相会》。
메리	真好听!不过听起来调挺高的,我可能唱不上去。
왕펑	那就降两个调。
메리	哎,我忘了问你,你是哪儿的人哪?
왕펑	中国人哪!

12 我还是喜欢中国的民歌。

본문 대화

메리	我还不知道你是中国人？我问你是从中国哪个地方来的。
왕펑	我是北京人。
메리	你们北京有什么好听的民歌吗？
왕펑	我还真不清楚。哎，北京儿歌倒是很有名的。
메리	什么是儿歌？
왕펑	就是小孩子唱的歌。(어린아이의 말투를 흉내내며) "小白兔，白又白，两只耳朵竖起来，爱吃萝卜爱吃菜，蹦蹦跳跳真可爱。"
메리	笑死我了！我说王峰，我现在明白为什么你说话那么有意思了，看来是北京文化对你的影响。
왕펑	北京人说话是挺幽默的，要是你有空儿去听听北京老人聊天儿，那才有意思呢！

★ 왕펑은 어느 지역 사람입니까?

MP3 12-04

藏族 Zàngzú 고유 티베트족 | 蒙古族 Měnggǔzú 고유 몽골족 | 敖包 áobāo 명 아오바오(우리나라의 서낭당과 비슷한 것으로, 몽골인이 돌이나 흙·풀 등을 쌓아 올려 길이나 경계 표시를 한 것) | 调 diào 명 음, 곡조 | 降 jiàng 동 내리다, 떨어지다 | 兔 tù 명 토끼 | 竖 shù (똑바로) 세우다 | 萝卜 luóbo 명 무 | 蹦 bèng 동 뛰어오르다, 껑충 뛰다 | 幽默 yōumò 형 유머러스하다, 익살스럽다

본문 해설 *grammar*

1. 叫什么来着? (제목이) 뭐였더라?

……来着는 알고 있던 것이 잠시 생각이 나지 않아서 상대방의 도움을 얻으려고 할 때, 또는 상대방의 말을 제대로 듣지 못해서 다시 말해 달라고 할 때 쓰는 표현입니다.

예 你住在几号楼来着? 我突然想不起来了。
　　너 몇 동에 산다고 했더라? 갑자기 생각이 안나.

　　你刚才说什么来着? 我没听清楚。
　　너 방금 뭐라고 했어? 나 잘 못 들었어.

2. 听你的口气 네 말투를 들으니

상대방의 말투를 듣고 상대방의 속셈을 알아차렸을 때 사용하는 표현입니다.

예 A 我现在做买卖也很需要钱。
　　　나 지금 장사하는 데에도 돈이 많이 들어.

　　B 听你的口气, 是不打算把钱借给我了?
　　　네 말투를 들으니, 나한테 돈을 빌려 주지 않을 모양이구나?

　　A 老师, 听说有的学校圣诞节不上课。
　　　선생님, 어떤 학교에서는 성탄절에 수업을 하지 않는대요.

　　B 听你的口气, 你也想放假?
　　　네 말투를 들으니 너도 학교 쉬고 싶구나?

3. 那才有意思呢! 그게 진짜 재미있어!

那才……呢는 비교하는 데 쓰여 상대방에 비해 화자의 의견이 정도가 더 심함을 나타냅니다.

예 A 这个饭馆儿的麻婆豆腐做得不错。
　　　이 식당의 마파두부는 잘 만들었네.

　　B 这还算什么, 有机会你尝尝我做的, 那才好吃呢!
　　　이게 뭐라고. 나중에 내가 만든 거 먹어 봐, 그게 진짜 맛있어!

교체 연습

예문을 보고 새로운 단어를 넣어 말해 봅시다.

01 听你的口气，你是不喜欢这首歌了？

네 말투를 들으니 그 노래가 맘에 안 들었나 봐?

① 看　态度　　不满意了

② 听　声音　　不高兴了

③ 看　眼神　　失望了

02 那我就凑合着教吧。

그럼 아쉬운 대로 가르쳐 줄게.

① 用

② 吃

③ 住

practice

🎧 MP3 12-07

03 和<u>流行歌曲</u>比起来，我还是喜欢<u>中国的民歌</u>。

나는 유행가보다는 중국 민요를 좋아해.

❶ 电子书　　　纸质书

❷ 电视　　　　电影

❸ 西餐　　　　中餐

🎧 MP3 12-08

04 <u>忘</u>得差不多了。

거의 다 잊어버렸어.

❶ 吃

❷ 写

❸ 玩

플러스 문화: 중국 매듭

중국 매듭(中国结 Zhōngguójié)은 중국 특유의 수공 편직 공예품의 하나로 중국 고대 문명의 정교함과 지혜가 담겨있다. 예로부터 실내 장식, 친한 사람들 사이의 선물 및 개인이 휴대하는 장식품 등에 사용되었다. 중국 매듭은 모두의 행복과 평안을 대표하며, 특히 민간에서 그 정교함이 대중의 사랑을 받았다.

 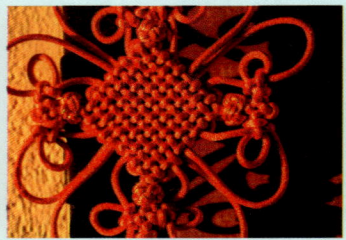 

중국의 다양한 전통 매듭

중국 매듭 만들기 (1)

❶ 한쪽 끈을 길게 잡아 접은 후 화살표 방향으로 보내 두 개의 원을 만듭니다.

❷ 위쪽 원을 감아 아래쪽 원에 붙여서 내립니다.

❸ 아래쪽 원에 고정시켜 기존 원의 안쪽에 원을 만듭니다.

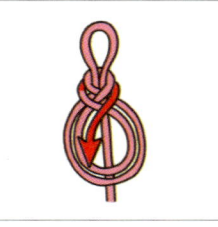 

❹ 2~4번 과정을 반복해 모양을 만듭니다.

❺ 가운데 구멍에 넣어 마무리합니다.

악기 비파(琵琶 pípá)를 닮아서 비파 매듭이라고 해요.

culture

중국 매듭 만들기 (2)

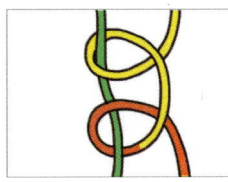  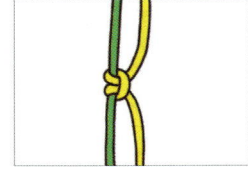

❶ 하나의 끈으로 두 개의 원을 접어서 만든 후, 또 다른 끈을 원 사이로 통과시킵니다.

❷ 원을 만든 끈을 잡아당깁니다.

 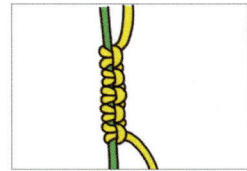

❸ 원하는 길이가 될 때까지 1, 2번 과정을 반복합니다.

스스로 확인

- ☐☐ 流行歌曲
- ☐☐ 反正
- ☐☐ 视频
- ☐☐ 嗓子
- ☐☐ 吼
- ☐☐ 口气
- ☐☐ 带劲儿
- ☐☐ 凑合
- ☐☐ 少数民族
- ☐☐ 首
- ☐☐ 调
- ☐☐ 降
- ☐☐ 竖
- ☐☐ 蹦
- ☐☐ 幽默

함께 토론

请说说你最喜欢的歌手。

좋아하는 가수에 대해 말해 봅시다.

学而不思则罔，思而不学则殆。

배우기만 하고 생각하지 않으면 얻는 것이 없고 생각만 하고 배우지 않으면 위태롭다.

UNIT 13

找一座有名的山去爬。

명산으로 등산을 가.

학습 목표

✓ 중국과 우리나라의 전통 절기 및 그 활동을 소개할 수 있다.

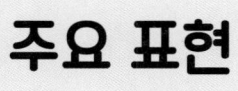
주요 표현

⭐ 발음과 억양에 유의하여 따라 읽어 봅시다.

MP3 13-00

⭐ 현지인의 일상 대화 속도로 따라 읽어 봅시다.

01 按照农历的算法，明天是九月初九。
Ànzhào nónglì de suànfǎ, míngtiān shì jiǔ yuè chū jiǔ.

02 那你们现在重阳节干些什么？
Nà nǐmen xiànzài Chóngyáng Jié gàn xiē shénme?

03 过去传说在这一天爬山能消灾免祸。
Guòqù chuánshuō zài zhè yìtiān páshān néng xiāozāi miǎnhuò.

04 我们就跑得远一点儿，找一座有名的山去爬。
Wǒmen jiù pǎo de yuǎn yìdiǎnr, zhǎo yí zuò yǒumíng de shān qù pá.

05 除了爬山，很多地方专门给老年人组织一些娱乐活动。
Chúle páshān, hěn duō dìfang zhuānmén gěi lǎoniánrén zǔzhī yìxiē yúlè huódòng.

본문 대화

 대화1 왕펑과 메리가 중양절의 과거 풍습에 대해 이야기한다.   MP3 13-01

메리 王峰，刚才我去商店，看见好多学生又买面包，又买矿泉水，好像都要出门旅行似的。这是怎么回事？

왕펑 明天是中国的重阳节，又是周末，学生会组织爬山活动，我也去。你想不想去？

메리 重阳节？我听说是在九月，可明天是十月十五号哇。

왕펑 那是公历。按照农历的算法，明天是九月初九。

메리 什么叫农历呀？

왕펑 农历是中国传统的历法，和咱们现在用的公历不一样，一般要比公历晚一个月左右。

메리 那重阳节都做些什么呀？要是我没猜错的话，肯定会有一种节日食品。

왕펑 就算你猜对了吧！重阳节主要是北方人的节日，这时候，秋高气爽，庄稼丰收了，菊花开了，山上的枫叶也都红了，人们心里特别高兴。古代的时候，每到这一天，人们都要去爬山，还要赏菊花，喝菊花酒，做诗，放风筝，烤肉，还有一种好吃的东西

dialogues

叫"重阳糕",不能去爬山的人应该吃这种糕。

메리 你说得我都馋了。

왕펑 遗憾的是现在很难吃到这种食品了!很多活动你现在想看也看不到了。

★ 중양절은 음력 몇 월 며칠입니까?

새 단어

MP3 13-02

矿泉水 kuàngquánshuǐ 명 생수 | 重阳节 Chóngyáng Jié 고유 중양절(중국 전통 명절 중 하나로 음력 9월 9일임) | 组织 zǔzhī 동 조직하다, 구성하다 | 公历 gōnglì 명 양력 | 农历 nónglì 명 음력(=旧历 jiùlì, 阴历 yīnlì) | 传统 chuántǒng 명 전통 | 历法 lìfǎ 명 역법 | 猜 cāi 동 추측하다 | 秋高气爽 qiūgāo qìshuǎng 성 가을 하늘은 높고 날씨는 상쾌하다 | 庄稼 zhuāngjia 명 농작물 | 丰收 fēngshōu 동 풍작을 이루다 | 菊花 júhuā 명 국화 | 枫叶 fēngyè 명 단풍잎 | 赏 shǎng 동 감상하다 | 诗 shī 명 시 | 风筝 fēngzheng 명 연 | 烤 kǎo 동 (불에) 굽다 | 糕 gāo 명 떡 | 遗憾 yíhàn 형 유감스럽다

본문 대화

 **대화2** 왕펑과 메리가 중양절의 현대 풍습에 대해 이야기한다.   MP3 13-03

메리 那你们现在重阳节干些什么？

왕펑 到郊外去爬山哪！现在正是山上的红叶最漂亮的时候。明天你只要到有山的地方去，爬山的人可多了！很多地方还要组织登山比赛呢。

메리 重阳节这一天为什么要爬山呢？

왕펑 过去传说在这一天爬山能消灾免祸。现在人们当然不一定这么想了，只是利用这个节日，活动活动，玩儿一玩儿。当然，登山也是一项很好的运动嘛！

메리 那重阳节的时候你们去爬哪座山呢？

왕펑 看情况，要是重阳节赶上周末，我们就跑得远一点儿，找一座有名的山去爬。

메리 中国有哪些有名的山呢？

왕펑 有名的山太多啦！泰山、黄山、庐山……你要是想爬高一点儿的山，还有珠穆朗玛峰。

메리 那我哪儿爬得上去呀？还是在学校附近找个小山爬吧。哎，重阳节年轻人都去爬山，老年人怎么办呢？

dialogues

왕펑   老人能爬山的也爬呀！除了爬山，很多地方专门给老年人组织一些娱乐活动，有些城市还把这一天定为敬老日，组织年轻人帮老人做些事情。

메리   想得真周到，那重阳节也可以说是老人的节日了。

왕펑   没错儿。哎，说了半天，你明天到底去不去呀？

메리   我当然想去啦！可是现在太晚了，我什么吃的喝的都没准备呢！

왕펑   你什么都不用带，我们都准备好了。

메리   有烤肉吗？

왕펑   烤肉你可吃不上。

메리   为什么呢？

★ 중국에는 어떤 유명한 산들이 있습니까?

왕펑   山上不许点火。万一着起火来，咱们自己就成烤肉了！

郊外 jiāowài 명 교외 | 登山 dēngshān 명동 등산(하다) | 传说 chuánshuō 동 이리저리 말이 전해지다 | 消灾免祸 xiāozāi miǎnhuò 재앙을 없애고 화를 면하다 | 利用 lìyòng 동 이용하다, 활용하다 | 项 xiàng 양 가지, 항목 | 专门 zhuānmén 부 전문적으로, 오로지 | 周到 zhōudào 형 세심하다, 꼼꼼하다 | 到底 dàodǐ 부 도대체 | 不许 bùxǔ 동 ~해서는 안 된다 | 着火 zháohuǒ 동 불나다

본문 해설

1. 又买面包，又买矿泉水。 빵도 사고 생수도 사다.

又……, 又……는 '~하기도 하고 ~하기도 하다'는 뜻으로, 서로 상반되거나 유사한 두 가지 이상의 동작이나 상황, 성질, 상태가 동시에 진행되거나 존재함을 나타냅니다.

예 今天又刮风，又下雪。 오늘은 바람도 불고, 눈도 온다.

她又会法语，又会日语。 그녀는 프랑스어도 할 줄 알고, 일어도 할 줄 안다.

2. 要是我没猜错的话 내 추측이 틀리지 않다면

어떤 사람 또는 어떤 사물에 대해 완곡하게 긍정의 의견을 표시하는 말입니다.

예 A 老板为什么这么急着开会？
　　사장님은 왜 이렇게 급히 회의를 여실까요?

B 要是我没猜错的话，准是为了昨天顾客投诉那件事。
　　내 추측이 틀리지 않다면, 분명히 어제 고객이 불만을 제기한 그 일 때문일 거예요.

A 今天他脸色怎么那么难看哪？
　　오늘 그의 안색이 왜 그렇게 안 좋아?

B 要是我没猜错的话，肯定是因为这次没考好。
　　내 추측이 틀리지 않다면 분명히 이번에 시험을 못 봤기 때문일 거야.

3. 遗憾的是 안타까운 건

……的是는 강조 또는 전환을 나타냅니다.

예 有钱没钱不要紧，重要的是人品好。
　　돈이 있고 없고는 중요하지 않아, 중요한 것은 인품이 좋아야 한다는 것이지.

昨天在电视里看的电影真不错，可惜的是我忘了电影的名字。
　　어제 텔레비전에서 본 영화 괜찮던데, 아쉽게도 영화 제목을 잊어버렸어.

grammar

4. 看情况 상황 봐서

상황에 맞는 대책을 취한다는 뜻입니다.

예 A 听说今天有雨，咱们还比赛不比赛了？
오늘 비 온다고 하던데 우리 시합 해, 안 해?

B 看情况吧，雨小就比。
상황을 봐서 비가 조금 오면 시합하자.

A 过两天去上海，咱们怎么去呀？
며칠 있다가 상하이에 갈 때, 우리 어떻게 가?

B 看情况，如果火车票买不到，就坐飞机。
상황 봐서, 만약 기차표를 살 수 없으면 비행기를 타자.

5. 把这一天定为敬老日。 이날을 경로의 날로 정했어.

把……定为……는 '~을 ~로 삼다'라는 뜻입니다.

예 人们把这一天定为中国情人节。
사람들은 이 날을 중국의 발렌타인데이로 삼았다.

如今大家把5月19日定为"中国旅游日"。
지금은 모두 5월 19일을 '중국 여행의 날'로 삼는다.

Tip 중국의 명산

泰山 Tàishān 타이산, 산둥성(山东省) 중부에 있음.
黄山 Huángshān 황산, 안후이성(安徽省) 남부에 있음.
庐山 Lúshān 루산, 장시성(江西省) 북부에 있음.
珠穆朗玛峰 Zhūmùlǎngmǎfēng 에베레스트산, 히말라야산맥의 주봉으로 높이 8,848m의 세계 최고봉임.

교체 연습

 예문을 보고 새로운 단어를 넣어 말해 봅시다.

01 每到<u>这一天</u>，人们都要去<u>爬山</u>。

이날이 되면 사람들이 등산을 갔어.

① 周末　　　我就去钓鱼

② 春天　　　鼻子就干燥难受

③ 母亲节　　我就特别想念妈妈

02 遗憾的是现在很难<u>吃</u>到<u>这种食品</u>了！

안타까운 건 이젠 그런 음식을 먹기가 힘들다는 거야!

① 找　　　　这种型号

② 买　　　　原版

③ 遇　　　　一个合适的人

practice

MP3 13-07

03 有些城市还把这一天定为敬老日。

어떤 도시는 이날을 경로의 날로 정했어.

❶ 一些学者呼吁	孟母生孟子之日	母亲节
❷ 日本	2010年	国民读书年
❸ 邓小平	深圳	特区

MP3 13-08

04 山上不许点火。

산에서는 불을 피울 수 없어.

❶ 飞机上	使用手机
❷ 办公室里	抽烟
❸ 课堂上	说话

13 找一座有名的山去爬。

중국의 5대 명산

중국의 5대 명산은 오악(五岳)이라고 불리며 동악 타이산(泰山 Tàishān), 서악 화산(华山 Huàshān), 중악 숭산(嵩山 Sōngshān), 북악 헝산(恒山 Héngshān), 남악 헝산(衡山 Héngshān)을 가리킨다. 오악을 묘사하는 문장 "东岳泰山之雄, 西岳华山之险, 中岳嵩山之峻, 北岳恒山之幽, 南岳衡山之秀(동악 태산은 웅장하고, 서악 화산은 위태롭고, 중악 숭산은 높고 길고, 북악 헝산은 깊고 아득하고, 남악 헝산은 매우 빼어나다)"를 통해 오악의 특징을 잘 알 수 있다.

타이산

타이산은 산둥성 타이안시에 위치하며 오악 중 동악에 해당한다. 해발 1,545m로 오악독존(五岳独尊)으로 불리며 오악 중 으뜸가는 산이다. 1987년 세계문화유산과 세계자연유산으로 지정되었다.

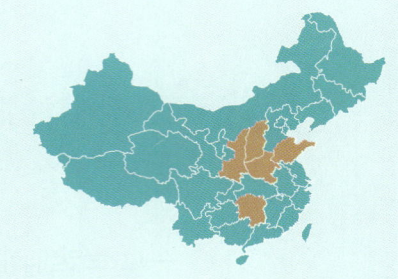

화산

화산은 산시성 웨이난시에 위치하며 오악 중 서악에 해당한다. 해발 2154.9m로 산세가 가파르고 험하기로 유명하여 "奇险天下第一山(기이하고 험준하기가 천하제일의 산)"으로 불린다. 다섯 봉우리가 멀리서 보면 꽃과 같아서 화산이라는 이름이 붙여졌다.

숭산

숭산은 허난성 덩펑시에 위치하며 오악 중 중악에 해당한다. 해발 1491.71m로 72개의 봉우리로 이루어져 있으며 중국 무술로 유명한 소림사가 숭산 사오스봉 북쪽에 위치한다.

culture

헝산

헝산(恒山)은 산시성 다퉁시에 위치하며 오악 중 북악에 해당한다. 최고봉인 톈펑링은 해발 2016.1m로 오악 중 두 번째로 높으나, 산세가 험하지 않아 많은 중국인들이 이곳을 오른다. 1500여 년 전에 지어진 독특한 사원인 현공사가 여행객들의 발길을 붙잡는다.

헝산

헝산(衡山)은 후난성 헝양시에 위치하며 오악 중 남악에 해당한다. 해발 1300.2m로 72개의 봉우리로 이루어져 있으며 아름다운 경관으로 유명하다. 또 중국 종교 문화의 중심지로, 수많은 사찰과 명승고적에는 저마다 전해지는 신화와 전설이 있어 현지 문화를 깊이 느낄 수 있다.

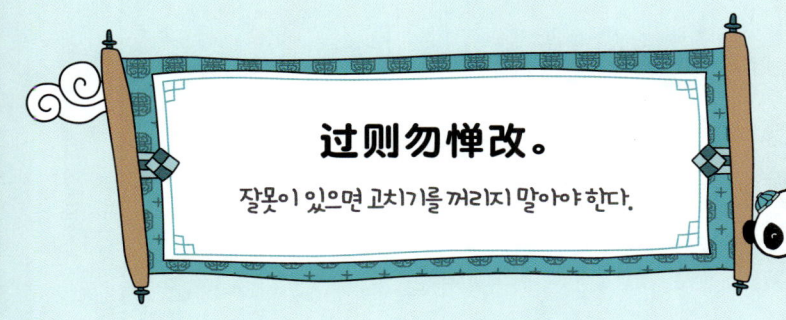

过则勿惮改。
잘못이 있으면 고치기를 꺼리지 말아야 한다.

스스로 확인

☐☐ 矿泉水 _____
☐☐ 传统 _____
☐☐ 历法 _____
☐☐ 庄稼 _____
☐☐ 丰收 _____
☐☐ 赏 _____
☐☐ 风筝 _____
☐☐ 遗憾 _____
☐☐ 郊外 _____
☐☐ 传说 _____
☐☐ 消灾免祸 _____
☐☐ 周到 _____
☐☐ 到底 _____
☐☐ 不许 _____
☐☐ 着火 _____

함께 토론

请介绍一座你去过或者想去的中国名山。

가 봤거나 가고 싶은 중국 명산을 소개해 봅시다.

UNIT 14

我们想了解一下儿留学生的周末生活。

우리는 유학생의 주말 생활을 알아보고 싶어요.

학습 목표
- 자신의 취미 및 주말 생활에 대해 자유롭게 말할 수 있다.

우리 인터뷰에 응해 주시겠습니까?

제 얘기 먼저 할게요.

주요 표현

expressions

⭐ 1 발음과 억양에 유의하여 따라 읽어 봅시다.

MP3 14-00

⭐ 2 현지인의 일상 대화 속도로 따라 읽어 봅시다.

01 除了打球，你周末还有什么活动呢?
Chúle dǎ qiú, nǐ zhōumò hái yǒu shénme huódòng ne?

02 你的周末生活真丰富。
Nǐ de zhōumò shēnghuó zhēn fēngfù.

03 现在流行的歌曲，我差不多全会唱。
Xiànzài liúxíng de gēqǔ, wǒ chàbuduō quán huì chàng.

04 我最喜欢去舞厅，特别刺激。
Wǒ zuì xǐhuan qù wǔtīng, tèbié cìjī.

05 周末就稀里糊涂过去了。
Zhōumò jiù xīlihútú guòqu le.

본문 대화

 대화1 데이비드와 친구들이 기자와 인터뷰한다.　　　MP3 14-01

기자　你们好，我是电视台《快乐周末》节目的记者，我们想了解一下儿留学生的周末生活，你们能接受我们的采访吗？

메리　哎呀，我可是第一次跟电视台记者谈话，真不知道说些什么。大卫，你见多识广，你先说吧！

데이비드　看把你紧张得！好，我说说我自己吧。我周末的时候比较忙。我喜欢运动，你一看我的个子就一定知道我喜欢什么运动了吧？

기자　肯定是打篮球。

데이비드　没错儿，我原来是我们大学校队的，参加过全国比赛。现在我们几个篮球"发烧友"自己组织了一个篮球队，周末常常出去比赛。不是吹牛，我们到现在还没遇到过真正的对手呢。

기자　那么厉害？我们电视台有个很不错的记者篮球队，好几个队员以前都是专业队的。怎么样？敢不敢跟我们较量较量？

dialogues

데이비드: 那还用说。你定个日子吧!

기자: 除了打球,你周末还有什么活动呢?

데이비드: 我还喜欢和朋友一起骑自行车去郊外玩儿。

기자: 你们喜欢去什么地方呢?

데이비드: 主要是有山的地方。我们很早就出发,有时骑好几个小时,往有山的地方骑。骑到一个地方,一看不错,扔下车就爬山。我们大学北边这些山差不多都被我们"征服"了。

기자: 你的周末生活真丰富。

★ 데이비드는 무슨 운동을 좋아합니까?

电视台 diànshìtái 명 텔레비전 방송국 | 节目 jiémù 명 프로그램 | 记者 jìzhě 명 기자 | 接受 jiēshòu 동 받아들이다, 수락하다 | 采访 cǎifǎng 동 취재하다, 인터뷰하다 | 见多识广 jiàn duō shí guǎng 성 보고 들은 것이 많고 식견이 넓다 | 原来 yuánlái 명 형 원래(의), 본래(의) | 发烧友 fāshāoyǒu 명 애호가, 마니아 | 吹牛 chuīniú 동 허풍을 떨다, 큰소리치다 | 对手 duìshǒu 명 상대, 호적수 | 专业队 zhuānyèduì 명 프로팀 | 较量 jiàoliàng 동 (힘·기량을) 겨루다 | 出发 chūfā 동 출발하다 | 扔 rēng 동 내버리다 | 征服 zhēngfú 동 정복하다

본문 대화

 대화2 기자와 친구들이 다음 인터뷰를 약속한다.　　　MP3 14-03

기자	跟你商量一下儿，下次你们出去的时候，我能不能随队采访？
데이비드	当然欢迎啦！不过你得跟我们一起骑车去。
기자	没问题。告诉你，我原来也当过运动员！
데이비드	那好，下次我们比赛爬山，怎么样？
기자	一言为定！
데이비드	我就说到这儿吧！安娜，该你说了。
안나	说实在的，我最喜欢过周末了。你想，学了一个星期，周末的时候还不该好好放松一下儿吗？我喜欢唱歌，常和朋友去唱卡拉OK。
기자	你的爱好也挺不错的。
안나	现在流行的歌曲，我差不多全会唱。对了，上星期我们学院开了个中国歌曲演唱会，我还获奖了呢！
기자	你愿不愿意到电视台去唱唱啊？
메리	那她可求之不得。

안나   要是能到电视台去演出,我就把演出的录像从网上给我妈妈传过去,让她也高兴高兴。

기자   这没问题,我回去联系一下儿,有机会就让你上电视台去唱唱。

메리   那她可美坏了!

기자   除了唱歌,你还做些什么?

안나   跳舞哇!我最喜欢去舞厅,特别刺激。我周末也常参加我们大学里的学生舞会,在那儿可以认识很多中国朋友。

메리   她就喜欢唱歌跳舞,我说她进错了大学,应该去什么音乐学院、舞蹈学院。

안나   别说我了,还是介绍介绍你自己吧!

메리   其实我真没什么可说的,有时候自己都不知道周末干了些什么,也就是洗洗衣服,收拾收拾房间,和朋友聊聊天儿,要不就上街买书,买衣服,或者看看电视,周末就稀里糊涂过去了。

본문 대화

기자	你们周末都没有约会吗？
메리	我还没有男朋友呢！当然，男的好朋友有几个，不过我们只是朋友。我还真想有个喜欢我、关心我、爱我的男朋友呢！
안나	电视台有个征婚节目，好像叫"非诚勿扰"还是叫什么。你要是在电视里露一面，保证天天会有人给你打电话。
메리	你饶了我吧，要是天天有人给你打电话，你烦不烦哪？

★ 안나의 두 가지 취미는 무엇입니까?

 MP3 14-04

随 suí 동 (~의 뒤를) 따르다, 따라가다 | 获奖 huòjiǎng 동 상을 타다 | 求之不得 qiú zhī bù dé 성 구하려고 해도 얻을 수 없다 | 舞厅 wǔtīng 명 댄스홀, 무도장 | 刺激 cìjī 동 자극하다 | 舞蹈 wǔdǎo 명 춤, 무용 | 稀里糊涂 xīlihútú 형 어리둥절하다 | 约会 yuēhuì 명 약속, 데이트 | 征婚 동 zhēnghūn (광고를 내는 방식으로) 구혼하다 | 非诚勿扰 Fēichéngwùrǎo 고유 중국의 유명한 소개팅 프로그램의 제목 | 露面 lòumiàn 동 얼굴을 내밀다, 나타나다 | 保证 bǎozhèng 동 보증하다 | 烦 fán 동 번거롭다, 귀찮다, 성가시다

본문 해설

1. 告诉你。 알려 줄게요.

다른 사람이나 사건의 남다른 측면을 알려줄 때 쓰는 말로, 때로 뽐내거나 경고하는 어투를 띠기도 합니다.

예) A 真看不出来，他跑得那么快。 정말 그렇게 안 보이던데, 걔 정말 빨리 달리더라.
　　B 告诉你，他可是我们学校的马拉松冠军。 알려 주지, 그는 우리 학교의 마라톤 우승자야.

2. 我就说到这儿吧！ 전 여기까지 얘기하죠!

就……到这儿은 어떤 행위를 멈출 때 사용하는 말입니다.

예) 今天就练到这儿吧。
　　오늘은 여기까지 연습하자.

　　上午的会就开到这儿，大家休息休息，下午接着开。
　　오전 회의는 여기까지 합시다. 모두 좀 쉬다가 오후에 계속합시다.

3. 那她可美坏了！ 그녀는 좋아 죽을 거예요!

……坏了는 정도가 심함을 나타냅니다.

예) 高兴坏了。 좋아 죽겠다.　　乐坏了。 즐거워 죽겠다.
　　气坏了。 화나 죽겠다.　　累坏了。 피곤해 죽겠다.

4. 你饶了我吧。 나 좀 봐줘.

어떤 일을 '하고 싶지 않다', '당하고 싶지 않다'는 뜻을 나타냅니다.

예) A 来！把这瓶酒都喝了！ 자! 이 병의 술을 다 마시자!
　　B 你饶了我吧，我已经喝得不少了。 제발 좀 봐줘, 나 벌써 많이 마셨어.

교체 연습

 예문을 보고 새로운 단어를 넣어 말해 봅시다.

01 敢不敢跟我们较量较量？

우리하고 한번 붙어 볼 생각 있어요?

① 吃我做的菜

② 穿比基尼

③ 坐过山车

02 有机会就让你上电视台去唱唱。

기회가 생기는 대로 방송국에 출연해서 노래하게 해 줄게요.

① 尝到家乡的味道

② 体验中国之美

③ 参观世界杯*足球赛

世界杯 shìjièbēi 명 월드컵

practice

MP3 14-07

03 她进错了大学。

그녀가 대학을 잘못 들어왔다.

❶ 吃　　药

❷ 写　　自己的电话号码

❸ 记　　对方的名字

MP3 14-08

04 要是天天有人给你打电话，你烦不烦哪？

매일 전화가 오면 넌 짜증나지 않겠어?

❶ 电脑经常出现问题

❷ 每天晚上都做噩梦

❸ 他说话总是不算数

플러스 어휘

취미 생활

玩游戏 wán yóuxì 게임하다

滑雪 huáxuě 스키를 타다

插花 chāhuā 꽃꽂이하다

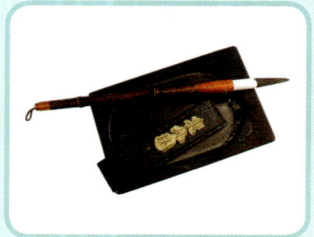
练书法 liàn shūfǎ 서예하다

集邮 jíyóu 우표를 수집하다

编制 biānzhì 뜨개질하다

弹吉他 tán jítā 기타 치다

钓鱼 diàoyú 낚시하다

健身 jiànshēn 헬스하다

野营 yěyíng 캠핑하다

划船 huáchuán 뱃놀이하다

打麻将 dǎ májiàng 마작하다

words

打乒乓球 dǎ pīngpāngqiú
탁구를 치다

踢足球 tī zúqiú
축구하다

打羽毛球 dǎ yǔmáoqiú
배드민턴을 치다

打高尔夫球 dǎ gāo'ěrfūqiú
골프를 치다

打网球 dǎ wǎngqiú
테니스를 치다

打保龄球 dǎ bǎolíngqiú
볼링을 치다

스스로 확인

☐☐ 电视台
☐☐ 节目
☐☐ 接受
☐☐ 采访
☐☐ 见多识广
☐☐ 吹牛
☐☐ 较量
☐☐ 扔
☐☐ 征服
☐☐ 随
☐☐ 获奖
☐☐ 求之不得
☐☐ 刺激
☐☐ 稀里糊涂
☐☐ 保证

함께 토론

请说说你的周末生活。

자신의 주말 생활에 대해 이야기해 봅시다.

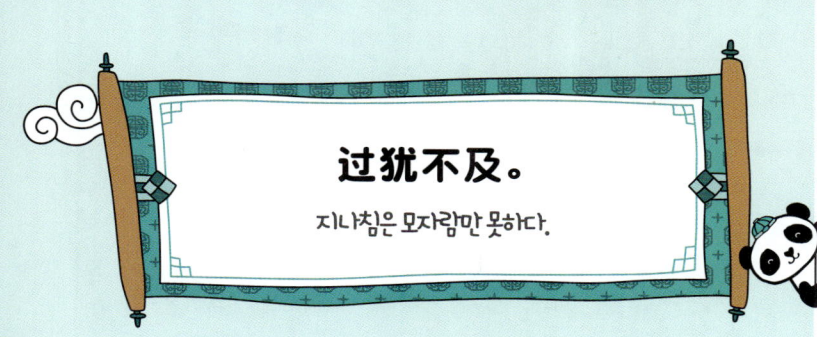

过犹不及。
지나침은 모자람만 못하다.

UNIT 15
看看中国人怎样过春节。

중국인들이 어떻게 춘절을 보내는지 봐.

학습 목표
- 중국 춘절과 우리나라의 설날을 비교하여 말할 수 있다.

주요 표현

expressions

★1 발음과 억양에 유의하여 따라 읽어 봅시다.

MP3 15-00

★2 현지인의 일상 대화 속도로 따라 읽어 봅시다.

01 那是因为中国有两个年，一个是新年，一个是春节。
Nà shì yīnwèi Zhōngguó yǒu liǎng ge nián, yí ge shì xīnnián, yí ge shì Chūnjié.

02 春节有什么热闹儿呢？
Chūnjié yǒu shénme rènaor ne?

03 那是借用"倒"字，取"福到(倒)了"这个含义。
Nà shì jièyòng "dào" zì, qǔ "fú dào(dào) le" zhège hányì.

04 我听说新年到处都放鞭炮，热闹极了。
Wǒ tīngshuō xīnnián dàochù dōu fàng biānpào, rènao jí le.

05 噢！原来你也是个"鞭炮迷"呀！
Ō! Yuánlái nǐ yě shì ge "biānpàomí" ya!

15 看看中国人怎样过春节。 187

본문 대화

 대화1 1월 1일, 메리와 왕펑이 걸으면서 이야기한다. ▶MP3 15-01

메리 　王峰，有一件事我不明白，在中国过新年为什么一点儿都不热闹？跟一般的周末差不多。

왕펑 　那是因为中国有两个年，一个是新年，一个是春节。在中国人看来，只有传统的春节才是真正的"新年"哪！

메리 　春节是在哪一天？

왕펑 　农历正月初一，一般是在公历的二月或是一月底。

메리 　那时候学校不是都放假了吗？

왕펑 　对呀，那时候你要是不回国，可以看看中国人怎样过春节，可热闹啦！

메리 　春节有什么热闹儿呢？

왕펑 　热闹儿可多了！春节前十几天，商店里就先忙上了，到处都贴上了春联儿，挂起了灯笼，还把大大的"福"字倒贴在窗户上。

메리 　对，我在电视里看到过。为什么要把"福"字倒着贴呢？

dialogues

왕펑   那是借用"倒"字，取"福到(倒)了"这个含义。

메리   这么好的主意是谁想出来的？真有意思！

왕펑   借用谐音字表达人们的愿望，这样的例子多着呢！比如新年家家都吃鱼，希望年年有余；送礼送桔子和苹果，预示着新年的吉利和平安。

메리   真没想到，汉字中的文化含义这么丰富。

★ 춘절에 거꾸로 붙이는 글자는 무엇입니까?

 MP3 15-02

底 dǐ 몡 말(末), 끝 | 春联儿 chūnliánr 몡 춘련 | 灯笼 dēnglong 몡 등롱, 초롱 | 倒 dào 동 (상하·전후의 위치나 순서를) 거꾸로 하다 | 含义 hányì 몡 함의, 내포된 뜻 | 谐音 xiéyīn 몡 한자에서 같거나 비슷한 음 | 有余 yǒuyú 동 여유가 있다, 남음이 있다 | 预示 yùshì 동 예시하다 | 吉利 jílì 형 길하다

15 看看中国人怎样过春节。   189

본문 대화

 왕펑과 메리가 춘절 풍습에 대해 이야기한다. MP3 15-03

왕펑　最热闹的时候就是大年三十了。大年三十，就是除夕，全家人都聚到一起，吃顿团圆饭，然后聊天儿、看电视里的春节晚会、打麻将。传统的家庭，三十晚上要熬一夜呢！

메리　熬一夜？他们不饿吗？

왕펑　这没关系，等到夜里十二点新年的钟声一敲响，就该煮饺子了。

메리　半夜吃饺子？

왕펑　是啊！你知道饺子的名称是怎么来的吗？除夕夜，新年和旧年相交在子时，称为"交子"，饺子的名称就是从"交子"变过来的。

메리　我常吃饺子，可关于饺子的来历我还是头一次听说。

왕펑　孩子们可希望过年啦！过年的时候，他们可以痛痛快快地玩儿几天，还能得到不少压岁钱。你要是春节的时候去中国人的家，说不定也能得到压岁钱呢！

메리　我可不是孩子！

dialogues

왕펑: 过年的时候，还应该给亲戚朋友们拜年。

메리: 要是我真的在春节的时候去中国人的家，我该说些什么？

왕펑: 说什么都行，当然得说吉利话，像"过年好""新年快乐""恭喜恭喜""恭喜发财"什么的，要是你说"死"啊，"杀"呀，准得让人打出来。

메리: 嗨！大过年的，我说那些干吗呀？我听说中国的春节要休息好几天，总不能天天拜年吧？

왕펑: 可以去逛庙会呀！庙会一般都在公园或者寺庙里举行。在那儿你可以尝到各种各样的风味小吃，还可以看到各地的民间表演，像舞狮子、耍龙灯，保证让你看得眼花缭乱。

메리: 听你说得这么热闹，我到时候真得去看看。

새단어

除夕 chúxī 명 섣달 그믐날 (밤) | 团圆 tuányuán 동 흩어졌다가 다시 모이다 | 打麻将 dǎ májiàng 마작을 하다 | 熬夜 áoyè 동 밤새다 | 相交 xiāngjiāo 동 교차하다 | 子时 zǐshí 자시[밤 11시에서 새벽 1시] | 来历 láilì 명 유래 | 压岁钱 yāsuìqián 명 세뱃돈 | 亲戚 qīnqi 명 친척 | 拜年 bàinián 동 세배하다, 새해 인사를 드리다 | 恭喜 gōngxǐ 동 축하하다 | 准 zhǔn 부 꼭, 틀림없이 | 逛 guàng 동 거닐다, 산책하다 | 庙会 miàohuì 명 묘회 | 寺庙 sìmiào 명 절, 사원 | 举行 jǔxíng 동 거행하다, 개최하다 | 风味小吃 fēngwèi xiǎochī 특색 있는 먹거리 | 舞狮子 wǔ shīzi 사자춤을 추다 | 耍龙灯 shuǎ lóngdēng 용등(龍燈) 춤을 추다 | 眼花缭乱 yǎnhuā liáoluàn 성 눈이 어지럽다, 눈부시다

본문 대화

 대화3 메리와 왕펑이 폭죽 터트리는 풍습에 대해 이야기한다.

🎵 MP3 15-05

메리: 对了，你还没有给我介绍怎样放鞭炮呢！我听说新年到处都放鞭炮，热闹极了。

왕펑: 也不是到处都可以放，像加油站、医院、居民区这样的地方就禁止放鞭炮。

메리: 那为什么呢？

왕펑: 在这些地方放太不安全了，也影响人们休息，所以很多地方都禁止放鞭炮。另外，放的时间也有一定的限制。

메리: 这样做也是对的。你知道，我过去在电影里看到过放鞭炮，特别想自己放一放。

왕펑: 你要是真的想放，跟我到郊区农村去吧。

메리: 农村可以放鞭炮吗？

> **Tip**
> 중국은 1993년부터 10년여 동안 사고·화재 방지를 목적으로 도심에서의 폭죽놀이를 법으로 금지했습니다. 베이징의 경우 2006년부터 음력 1월 1일~15일(춘절~대보름)까지는 폭죽놀이를 할 수 있도록 제한적으로 허용하고 있습니다. 본문 내용은 춘절 기간 폭죽놀이를 금지했던 때를 배경으로 집필되었습니다.

왕펑   当然可以。而且农村过春节比城市可热闹多啦！我今年春节就打算到农村一个亲戚家去过，到时候你跟我去放个痛快！

메리   噢！原来你也是个"鞭炮迷"呀！

★ 어디에서 폭죽을 터트릴 수 있습니까?

새 단어

鞭炮 biānpào 명 폭죽 | 加油站 jiāyóuzhàn 명 주유소 | 禁止 jìnzhǐ 동 금지하다 | 安全 ānquán 형 안전하다 | 影响 yǐngxiǎng 동 영향을 주다

본문 해설

1. 商店里就先忙上了。 상점들부터 바빠지기 시작해.

……上了는 동사나 형용사 뒤에 쓰여 어떤 행동이 시작되고 지속됨을 의미합니다.

예 妈妈一回家就做上饭了。
어머니는 집에 들어오자마자 밥을 짓기 시작했다.

让他们练习，可他们聊上天儿了。
그들한테 연습하라고 했지만 그들은 수다떨기 시작했다.

快到春节的时候，人们就忙上了，不是收拾房间，就是出去买东西。
춘절이 다가오면 사람들은 바빠지기 시작한다. 방을 정리하거나 아니면 나가서 물건을 산다.

一上飞机，他就高兴上了，去中国留学的愿望终于实现了。
비행기를 타자마자 그는 즐거워지기 시작했다. 중국 유학을 가는 소망이 드디어 실현되었다.

2. 这样的例子多着呢！ 그런 예는 아주 많아!

……着呢는 형용사 뒤에 쓰여 정도가 심함을 나타냅니다.

예 这里的东西贵着呢。
이곳의 물건은 무척 비싸다.

这门课难着呢。
이 수업은 매우 어렵다.

grammar

3. 大过年的 새해 첫날인데

大……的의 중간에 시간, 절기, 계절, 명절 등과 관련된 단어가 들어가서 강조의 어감을 갖습니다. 상대방의 주의를 환기시키거나 상대방의 행동을 이해하지 못할 때 사용합니다.

例 **大中午的，你怎么不休息休息?**
점심인데 너는 왜 안 쉬는 거야?

大夏天的，你穿那么多干什么?
한여름인데 넌 왜 옷을 그렇게 많이 입었어?

大星期天的，别在房间里学了，出去转转。
일요일인데 방 안에서 공부하지 말고 나가서 좀 돌아다녀라.

Tip 중국 춘절의 다양한 풍습

得压岁钱 — dé yāsuìqián — 세뱃돈 받기
打麻将 — dǎ májiàng — 마작 하기
挂灯笼 — guà dēnglong — 등롱 달기
贴春联儿 — tiē chūnliánr — 춘련 붙이기
耍龙灯 — shuǎ lóngdēng — 용등춤 추기
逛庙会 — guàng miàohuì — 묘회 구경하기

교체 연습

예문을 보고 새로운 단어를 넣어 말해 봅시다.

01 有一件事我<u>不明白</u>。

이해가 가지 않는 게 하나 있어.

① 还没有解决

② 差点儿忘了

③ 不能不告诉你

02 那时候<u>学校</u>不是都<u>放假了</u>吗?

그때 학교는 전부 방학하잖아?

① 你　　　　　上班了

② 我　　　　　跟你说了

③ 他　　　　　回国了

practice

🎧 MP3 15-09

03 <u>这样的例子</u>多着呢!

이러한 예는 아주 많아!

① 想吃的东西

② 不想去国外留学的理由

③ 手机的功能

🎧 MP3 15-10

04 大<u>过年</u>的，<u>我说那些</u>干嘛呀?

새해 첫날인데 내가 그런 말을 해서 뭐 해?

① 晴天　　你呆在家

② 冷天　　你穿成这样

③ 半夜　　你不睡觉

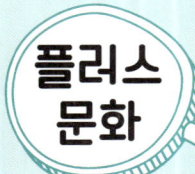

플러스 문화

중국의 대표 기념일, 노동절과 국경절

전통 명절을 제외한 중국을 대표하는 기념일에는 노동절(劳动节 Láodòng Jié)과 국경절(国庆节 Guóqìng Jié)이 있다. 춘절(春节 Chūnjié)과 함께 중국의 3대 황금 연휴로 여겨지는 노동절과 국경절에 대해 알아보자.

노동절

매년 5월 1일 세계 노동자의 날과 같은 날로 五一劳动节 Wǔyī Láodòng Jié 혹은 줄여서 五一 Wǔyī라고 한다. 노동절은 1949년 신중국 정부가 수립된 이후에 법정 공휴일로 지정되었다. 초기 중국의 노동절은 5월 1일 하루만 휴일로 지정했으며, 모범 노동자를 선발하여 상을 수여하는 등 각종 기념행사를 개최했다. 이후 1999년에 경제 활성화, 소비 진작을 위한 장기연휴 제도가 시행되면서, 노동절을 7일의 장기 연휴로 지정했다. 많은 사람들이 노동절 연휴를 이용해 국내외로 여행을 가고, 상점들은 대대적인 판촉 행사를 벌인다. 2008년에 중국 전통명절 부활을 위해 청명절(清明节 Qīngmíng Jié), 단오절(端午节 Duānwǔ Jié), 중추절(中秋节 Zhōngqiū Jié)이 국가 법정 휴일로 지정되면서 노동절 휴일은 7일에서 3일로 조정되었다.

국경절

국경절은 중화인민공화국의 건국을 기념하는 날로 매년 10월 1일이다. 이날 다양한 형식과 규모의 경축 행사 및 열병식이 톈안먼(天安门) 광장에서 열리며, 춘절과 더불어 일주일 이상의 긴 연휴로 민족 대이동 기간이기도 하다. 중국 정부의 추정에 따르면 이 기간에 약 6~7억 명 정도가 이동하며 관광명소에는 관광객들로 북새통을 이룬다.

 culture

중국의 법정휴일(전통 명절과 기념일)

元旦	Yuándàn	신정(양력 1월 1일)
春节	Chūnjié	춘절(음력 1월 1일)
清明节	Qīngmíng Jié	청명절(양력 4월 5일 전후)
劳动节	Láodòng Jié	노동절(양력 5월 1일)
端午节	Duānwǔ Jié	단오절(음력 5월 5일)
中秋节	Zhōngqiū Jié	중추절(음력 8월 15일)
国庆节	Guóqìng Jié	국경절(양력 10월 1일)

중국의 기타 기념일

情人节	Qíngrén Jié	발렌타인데이(2월 14일)
妇女节	Fùnǚ Jié	부녀절(3월 8일)
青年节	Qīngnián Jié	청년절(5월 4일)
母亲节	Mǔqīn Jié	어머니날(5월 둘째 주 일요일)
父亲节	Fùqīn Jié	어버이날(6월 둘째 주 일요일)
儿童节	Értóng Jié	어린이날(6월 1일)
教师节	Jiàoshī Jié	스승의 날(9월 10일)
圣诞节	Shèngdàn Jié	크리스마스(12월 25일)

知人者智，自知者明。
남을 알면 지혜롭고 나를 알면 명철하다.

스스로 확인

- ☐☐ 灯笼
- ☐☐ 倒
- ☐☐ 含义
- ☐☐ 谐音
- ☐☐ 预示
- ☐☐ 吉利
- ☐☐ 除夕
- ☐☐ 团员
- ☐☐ 熬夜
- ☐☐ 相交
- ☐☐ 拜年
- ☐☐ 眼花缭乱
- ☐☐ 鞭炮
- ☐☐ 禁止
- ☐☐ 影响

 함께 토론

请说说韩国的春节有什么活动?

한국의 설날에는 어떤 활동을 하는지 이야기해 봅시다.

본문 해석

UNIT 01   14쪽

 대화1

다나카   누구세요?
메리   실례지만, 데이비드가 여기에 사나요?
다나카   네, 그런데 지금 나가고 없는데요. 누구신지…….
메리   저는 메리라고 해요. 데이비드의 친구인데 얼마 전에 미국에서 왔어요.
다나카   들어와서 앉으세요. 금방 올 거예요.
메리   실례합니다. (방으로 들어간다)
다나카   앉으세요. 저는 다나카입니다. 일본인이고 데이비드의 룸메이트죠. 저는 재작년 9월에 이 학교에 왔고, 지금은 역사학과 2학년이에요.
메리   저도 역사학과에서 연수를 할 생각이에요. 저는 중국 역사에 관심이 아주 많아요.
다나카   그럼 우린 앞으로 학우가 되겠네요.
메리   전 중국어를 아직 잘 못해서 올해는 아마 입학을 못할 것 같아요. 앞으로 많이 도와주세요.
다나카   문제없어요.

대화2

메리   데이비드! 나 누군지 알겠어?
데이비드 메리! 너구나! 오랜만이다! 언제 왔어? 왜 나한테 말도 안 했어?
메리   너 놀래 주려고 그랬지. 어때? 우리가 여기서 만나게 될 줄은 몰랐지?
데이비드 그러게! (왕평과 다나카를 부르며) 자, 인사해. 이쪽은 내 대학 친구 메리, (메리에게) 이쪽은 내 중국 친구 왕평이야.
메리   안녕!
왕평   안녕!
데이비드 (다나카를 가리키며) 이쪽은…….
메리   네 룸메이트 다나카잖아. 일본인이고 역사학과 유학생이지.

데이비드 (놀라며) 네가 어떻게 알아?
메리   우리는 방금 알게 되었어.
데이비드 넌 예나 지금이나 똑같구나. 친구 사귀는 걸 너무 좋아하지. 이 중국 친구랑 비슷해. 그렇지, 왕평?
왕평   (메리에게) 나는 친구 사귀는 걸 아주 좋아해. 앞으로 도움이 필요하면 날 찾아.
데이비드 그래, 무슨 일이든 다 물어봐, 얘는 뭐든지 다 알아.
왕평   너한테는 상대가 안되지. 넌 유명한 '중국통'이잖아.
데이비드 나 놀리지 마!

UNIT 02   26쪽

 대화1

메리   (사무실로 들어가며) 실례합니다. 지금 수강 신청을 할 수 있나요?
왕 선생님 오늘은 안돼요. 내일 점심에 강의동 일층에서 수강 신청하세요.
메리   저는 중국어 9반 학생인데요, 어떤 과목을 신청할 수 있나요?
왕 선생님 먼저 밖의 시간표를 좀 보고 다시 와서 수강 신청을 하세요.
메리   저는 몇 과목을 신청할 수 있나요?
왕 선생님 중국어와 회화 수업을 제외하고 선택 과목은 두 과목을 초과해서는 안 돼요.
메리   저는 중국 역사에 관심이 있는데 중국 역사 관련 과목이 있나요?
왕 선생님 '중국 개황' 과목이 잘 맞을 것 같네요. 그리고 '중국 역사 강좌'도 있어요. 선택 과목으로 수강할 수도 있고 청강할 수도 있어요.
메리   수강 신청 인원 제한이 있나요?
왕 선생님 어떤 과목은 인원을 제한해요.
메리   제가 좋아하는 과목의 수강 인원이 많으면

	어떡하죠?
왕 선생님	그럼 한 가지 방법밖에 없어요.
메리	무슨 방법인가요?
왕 선생님	일찍 가서 신청하는 거죠.
메리	알겠습니다. 여쭙는 김에 말인데, 인터넷에서 수강 신청을 할 수 있나요?
왕 선생님	아직은 안 돼요. 몇몇 유학생들의 중국어 수준이 높지 않아서 인터넷 수강 신청은 어려움이 있어요.
메리	알겠습니다. 감사합니다.
왕 선생님	별말씀을요!

메리	여기 자리 있어요?
다나카	아뇨, 앉으세요.
메리	너 다나카 맞지? 나 기억나?
다나카	넌……. 아! 기억났어. 얼마 전에 온, 이름이…… 안나?
메리	아니야, 나는 메리야.
다나카	미안해. 학기는 시작했지? 몇 과목 신청했어?
메리	필수 과목 제외하고 두 과목 신청했어, 청강으로도 두 과목을 듣고 싶어.
다나카	일주일에 몇 시간 수업이야?
메리	24시간이야.
다나카	정말 많네.
메리	이게 많아? 나는 원래 다섯 과목을 신청하려고 했어! 선생님이 너무 많다고 하시면서 두 과목만 신청하게 하셨어.
다나카	나도 동의해. 이제 막 왔는데 수업이 너무 많으면 힘들 거야.
메리	선생님께서 나한테 '조급히 이루려 하지 마라'라고 하셨어. 그게 무슨 뜻이야?
다나카	선생님 말뜻은 첫 술에 뚱보가 될 생각하지 말라는 거야.
메리	누가 뚱보가 되겠대!

UNIT 03 38쪽

대화 1

데이비드	메리, 며칠 못 본 사이에 살이 좀 빠진 거 같은데?
메리	좀 빠졌어.
데이비드	왜 그래? 멀리 집 떠나온 게 처음이라 집 생각 나서 그래?
메리	아니, 중국에 온 지 얼마 되지 않아서 낯선 부분이 좀 많아.
데이비드	알겠다. 분명 아침 8시 수업에 일어나기 힘든 거야.
메리	제대로 맞혔어.
데이비드	저녁 시간에 할 만한 여가 활동도 적고 같이 수다 떨 친구도 없지. TV도 못 알아들으니 공부하는 것 아니면 잠만 잘 수밖에.
메리	어쩜 그렇게 잘 알아?
데이비드	나도 막 왔을 때 너랑 똑같았어. 솔직히 말하면 중국에 온 첫 달에 3킬로그램이나 빠졌거든.
메리	그 말은 그럼 내가 너보다 낫다는 거네?
데이비드	네가 나보다 훨씬 낫지. 많은 사람들이 처음 왔을 때는 잘 적응을 못하지만 점차 익숙해져.
메리	그리고 중국 사람들은 낮잠 자는 습관이 있잖아. 친구를 만나거나, 사무실에 일이 있어서 갔는데 사람을 못 찾을 땐 정말 불편해.
데이비드	나는 중국에 온 지 오래되어서 가끔 낮잠도 자.
메리	어쩐지 점심 때 네가 안 보이더라니. 기숙사에서 실컷 자고 있었구나.

대화 2

| 데이비드 | 점심 때 좀 돌아다녀 봐! 나도 때론 학교 근처 상점에서 쇼핑을 해. 상점은 점심 때 사람이 |

본문 해석

	적거든.
메리	하지만 난 자전거가 없잖아!
데이비드	걸어서 가도 되잖아! 상점은 학교에서 별로 안 멀어. 중국에 이런 속담이 있잖아. "식후 100 걸음이면 99세까지 장수한다"
메리	그럼 언제 시간 될 때 나랑 같이 갈래? 어떤 상점의 점원이 하는 말은 매우 빨라. 게다가 사투리도 있어서 못 알아듣겠어.
데이비드	겁먹지 마. 천천히 익숙해질 거야.
메리	난 쉬는 시간에 교내를 걸어갈 때가 제일 무서워. 어떤 사람은 자전거 뒤에 사람을 태우고 인파 사이를 마구 뚫고 다녀. 때론 사람을 향해 돌진한다니까. 이런 사람을 만나면 뭐라고 해야해?
데이비드	그건……, 천천히 익숙해질 거야.
메리	나한테는 생활 습관이 다른 사람과 같은 집에 사는 게 가장 힘들어. 난 일찍 자는데 그녀는 늦게 자거든. 난 불이 켜져 있으면 잠을 잘 못 자.
데이비드	그건…….
메리, 데이비드	천천히 익숙해질 거야.
메리	네가 그 말 할 줄 알았어.

UNIT 04　　　　　　　　　　50쪽

데이비드	메리, 개학한 지 2주가 됐네. 공부는 어때? 따라갈 만해?
메리	그런대로. 선생님 강의는 거의 다 알아들어. 하지만 사용할 줄 모르는 단어가 많아. 그래서 너무 조급해. 내 과외 선생님 한 분 구해 줄래?
데이비드	어떤 사람으로 찾고 싶은데? 선생님 아니면 대학생?
메리	나도 잘 모르겠어. 네가 의견을 좀 내 줘.
데이비드	선생님으로 구하는 것과 대학생으로 구하는 것 모두 장단점이 있어. 선생님은 네가 학교에서 배우는 내용에 대해 잘 알고 있으니까 맞춤형 강의를 해 줄 수 있지만 과외비가 좀 비싸. 만약 수업 시간에 배운 내용을 복습하거나 연습을 좀 더 하려는 거라면 대학생이나 대학원생이면 충분할 거야. 비용도 별로 안 비싸고. 또 어떤 중국 학생들은 외국 친구와 서로 과외하는 것을 좋아해. 양쪽 모두 돈을 낼 필요 없지.
메리	네가 그렇게 말하는 것을 들으니 어떻게 해야 할지 정말 모르겠다.
데이비드	내가 보기엔 먼저 대학원생을 구해서 서로 과외를 하는 게 좋을 것 같아. 난 중국 친구가 많으니까 내가 한번 찾아봐 줄게.
메리	그럼 빨리 가! 지금 당장!
데이비드	서두르는 것 하고는! 기다려. 소식이 있으면 바로 알려 줄게.

왕펑	메리, 데이비드한테 들었어. 대학원생하고 서로 과외를 하고 싶다고?
메리	응, 구했어? 더는 못 기다리겠다.
데이비드	한 명 구하기는 했는데 네 마음에 들지 모르겠네.
메리	누군지 아직 말 안 해 줬잖아.
데이비드	남자야. 역사학과.
왕펑	농구를 좋아해. 나랑 같지.
메리	그래? 언제 만나 볼 수 있어?
왕펑	만나 보고 싶다면 지금 당장도 가능해.
메리	그럼 뭘 더 기다려? 우리 지금 당장 가자!
데이비드	갈 필요 없어. 벌써 왔는걸.
메리	왔다고? 어디?
왕펑	멀다면 하늘 저편, 가깝다면 바로 눈앞에 있지.
메리	멀다면 하늘 저편, 가깝다면…… 네 말은 …… 왕펑?

왕펑	어때? 내가 자격이 있을까?
메리	물론 충분하지! 데이비드한테 들으니 너는 역사학과 우수 학생이라던데. 내가 널 못 가르칠까 봐 걱정인걸.
왕펑	일상 회화만 좀 가르쳐 줘. 그건 어렵지 않겠지?
메리	그럼 결정한 거다!
데이비드	야, 메리! 이렇게 큰 도움을 줬는데 나한테 어떻게 보답할 거야?

UNIT 05　　　　　　　　　　　　　62쪽

 대화 1

왕펑	메리, 여기에 온 지 이제 곧 한 달이네. 어디 어디 가 봤어?
메리	학교 근처만 돌아다녀 봤어. 사실, 난 가 보고 싶은 데는 참 많은데 거리에 나가면 너무 다양한 차들이 있어서 말야. 눈이 다 어지러울 지경이라 뭘 타야 할지 모르겠어. 지금까지 택시 말고는 아직 다른 차는 못 타겠어.
왕펑	이런! 학교 정문 앞에 탈 수 있는 차가 얼마든지 있어. 버스를 예로 든다면 전용 버스, 에어컨 버스, 무인 매표 버스, 2층 버스가 있지. 우리 교문 앞 정류장에 표지판이 10개도 넘는 걸. 그 버스들은 다 타도 돼.
메리	그렇게 차가 많으니까 더 못 타겠어. 만약 동물원에 가려면, 어떤 차를 타야 하는지 어떻게 알아?
왕펑	지도를 찾아보면 되잖아. 지도에 버스 노선도가 있어.
메리	말도 마. 노선도를 보면 점점 더 멍해져. 기점을 찾으면 종점을 찾을 수가 없고 어디서 갈아타는지는 더더욱 몰라.
왕펑	솔직히 말하면 요즘 새로 뚫린 노선이 많아서 어떤 길은 나도 잘 몰라. 정 안 되면 다른 사람에게 물어 봐.
메리	아까 무인 매표 버스가 있다고 했잖아. 그런 버스를 타면 어떻게 버스표를 사?
왕펑	무인 매표 버스는 교통카드를 대거나 잔돈을 준비해서 차에 타면서 요금통에 넣으면 돼.
메리	만약 버스에 탄 다음에 100위안짜리밖에 없다는 걸 알면 그땐 어떡해?
왕펑	그럼 큰일인데. 다른 사람한테 바꿔 달라고 할 수밖에. 일반적으로 버스에서는 거슬러 주지 않아.
메리	너는 외출할 때 어떤 교통수단을 애용해?
왕펑	나는 지하철 타는 걸 가장 좋아해. 지하철은 막히지도 않고 빠르면서 저렴하잖아.
메리	사실 나도 지하철 타는 걸 좋아해. 하지만 우리 학교는 지하철이 없잖아.
왕펑	곧 개통되니까 그땐 어딜 가든 편리할 거야.
메리	만약 교외에 놀러 가려면 무슨 차를 타야 해?
왕펑	장거리 버스를 타거나 관광지로 바로 가는 여행 전용 버스를 타면 돼. 관광지에 도착하면 우차, 마차 같은 걸 탈 수도 있을 거야.

대화 2

메리	왕펑, 도시 남쪽에 자연박물관이 있다고 해서 이번 주말에 가 보려고 하거든. 무슨 차를 타야 하는지 알아?
왕펑	택시 타고 가면 되잖아.
메리	택시 탈 거면 너한테 안 물어봤지.
왕펑	사실 자연박물관은 여기서 별로 안 멀어. 단지 버스로 가려면 좀 복잡해. 중간에 한번 갈아타야 하거든. 학교 문 앞에서 19번 버스를 타고 종점에 간 다음 24번으로 갈아타서 '자연박물관' 정류소에서 내려. 거기서 동쪽으로 200미터 정도 가면 도착해.
메리	세상에. 그렇게나 복잡해! 나 혼자 가면 분명 길을 잃어버릴 거야.
왕펑	네가 자전거 한 대 빌릴 수 있으면 좋을 텐데. 자전거를 타고 가면 30분도 안 걸려.
메리	빌리는 건 어렵지 않은데 설사 자전거가 있다고

본문 해석

해도 난 어떻게 가는지 모르는걸. 난 길눈이 어두워서 학교 문을 나서면 동서남북도 구별하지 못해.

왕펑 이렇게 하자. 우리 집이 그 박물관에서 별로 안 머니까 주말에 집에 갈 때 가는 길에 널 데려다 줄게. 대신 길을 잘 기억해야 해. 안 그러면 너 혼자 못 돌아오니까.

UNIT 06   74쪽

메리 실례합니다. 저 좀 도와주시겠어요?
행인 무슨 일이죠?
메리 친구한테 전화를 걸려고 하는데, 제 휴대 전화에 돈이 다 떨어졌어요. 충전카드는 어디에서 파나요?
행인 앞에 있는 우체국에서 팔아요. 하지만 너무 늦어서 우체국은 이미 문 닫았겠죠?
메리 그럼 어쩌죠? 급한 일이에요!
행인 여기서 멀지 않은 곳에 간행물 판매대가 있는데 거기에도 충전카드를 팔아요.
메리 어디에요?
행인 내가 가리키는 방향을 봐요. 바로 저 패스트푸드점 옆이에요.
메리 저 간행물 판매대요? 제가 방금 그쪽에서 왔는데 지금 아무도 없어요.
행인 그럼 좀 멀리 가야겠네요. 저 앞에 골목이 있는데 거기에 매점이 있던 걸로 기억해요. 문에 '공중전화'라고 팻말이 있을 거예요……. 아니다, 그 집은 철거된 것 같아요.
메리 어떻게 나한테 이런 일이 다 생기죠? 오늘 정말 운이 나쁘네요!
행인 그러게요. 그냥 제 휴대 전화로 거세요. 아이고, 제 휴대 전화 배터리가 나갔네요!

리양 실례합니다. 데이비드 있나요?
다나카 일이 있어서 나갔는데요, 실례지만 누구세요?
리양 저는 리양입니다. 데이비드는 우리 영어 학습 동아리의 과외 선생님이에요. 저희가 급한 일이 있어서 그를 찾는데, 휴대 전화가 계속 통화 중이에요. 데이비드는 언제쯤 올까요?
다나카 그건 잘 모르겠어요.
리양 돌아오면 전화 좀 부탁한다고 전해 주세요. 제 전화번호는 그가 알아요.
다나 알겠어요. 그런데…… 데이비드가 너무 늦게 돌아오면요?
리양 그럼…… 우리가 내일 회의가 있어서 영어 동아리 스터디 날짜를 바꿔야 할 것 같은데 언제로 바꾸면 좋을지 의논하고 싶다고 좀 전해 주세요.
다나카 꼭 전할게요.
리양 그럼 부탁 드리겠습니다. 안녕히 계세요!

메리 왕펑, 너 만나기 너무 힘들다. 여러 번 전화했는데 안 받거나 전원이 꺼져 있어. 속이 타 죽겠어.
왕펑 난 매일 오전엔 수업이 있어. 수업 시간에는 당연히 전화를 못 받지.
메리 그럼 언제 전화하는 게 좋아?
왕펑 어쩔 때는 오후에도 수업이 있어. 보통 세 시 이후에는 별일 없어. 아니면 문자 메시지 보내도 돼.
메리 중국어 관련해서 묻고 싶을 때 문자로는 설명하기 어려워.
왕펑 그럼 내가 위챗 사용하는 법을 알려 줄게. 위챗은 쓸 수도 있고 말로 할 수도 있어서 문자 메시지보다 편해. 너 먼저 애플리케이션을 다운로드 받아. 그 다음…… 다음……. 봐, 이렇게 하면 돼.
메리 내가 먼저 너한테 인사해 볼게.
왕펑 앞으로 무슨 일 있으면 나한테 위챗 보내. 이렇게

204

하면 연락도 편하고 문자 보내는 것보다 훨씬 저렴해.
메리 전화해서 사람이 안 받을 일 없으니까 좋다. 문자 보내는 건 너무 귀찮아.

UNIT 07 86쪽

메리 안나, 요즘 왜 이렇게 안 보였어?
안나 나 이사했어.
메리 이사?
안나 그래, 이제 학교에 안 살아. 학교 밖에 집을 구했어.
메리 와, 정말 기쁜 소식이네. 축하해! 그럼 한턱내야지?
안나 당연하지!
메리 왜 교내에 살지 않고? 학교 안이 더 편리하잖아.
안나 교내에 살면 물론 편하지. 하지만 기숙사는 방이 너무 작아. 내 룸메이트는 친구도 너무 많아서 어떨 땐 도무지 조용히 책을 볼 수가 없거든.
메리 그건 그렇지. 지금 사는 집은 학교에서 멀어?
안나 안 멀어. 자전거로 10분이면 도착해.
메리 집은 커?
안나 그렇게 크진 않아. 하지만 기숙사보다는 훨씬 크지. 침실 두 개에 거실, 주방, 화장실이 있어.
메리 너 혼자 그렇게 큰 집에 살아? 집세가 비싸겠네?
안나 나는 다른 사람이랑 같이 사는 거라 집세는 반씩 내서 그렇게 비싸진 않아. 중요한 건 생활이 편리해졌다는 거지.
메리 듣기에 정말. 괜찮네.

메리 집 시설은 어때?
안나 TV, 세탁기, 냉장고, 에어컨, 난방 장치 다 있고 인터넷도 할 수 있어. 수업 끝나고 와서 숙제하고, 컴퓨터 게임하고, 이메일 보내고, 영화 감상도 하고 얼마나 자유롭니!

메리 정말 부럽다!
안나 주변에 슈퍼마켓, 식당이 있고 교통도 편리해. 어때? 너도 나와서 살지 그래?
메리 그래도 난 학교 안에서 사는 게 편해. 수업, 식사, 도서관 가는 것 전부 가깝잖아. 그리고 내 기숙사에는 오는 사람이 별로 없어서 지낼 만해. 그런데 어떻게 그런 알맞은 집을 구한 거야?
안나 내 친구가 인터넷에서 임대 광고를 보고 내게 소개해 줬어. 인터넷에 이 방면의 정보는 얼마든지 있지만 난 대부분 못 알아보지.
메리 이미 전문가 다 됐는걸 뭐.

메리 와, 여기는 정말 집 같은 느낌이다!
안나 기숙사에 사는 것보다 훨씬 낫지?
메리 집주인은 어때?
안나 집주인은 온화한 노부인이셔. 이따가 방세 받으러 오실 거야. 내가 소개해 줄 테니까 인사해. 벨이 울린다.
안나 오셨다.
집주인 안나, 안녕?
안나 장 할머니, 들어오세요 이쪽은 제 친구 메리예요.
메리 안녕하세요, 장 할머니.
집주인 안녕?
안나 앉으세요. 차 드세요. 이건 방세입니다. 받으세요.
집주인 그래, 그래. 집은 어때? 혹시 무슨 문제라도 있니?
안나 아주 좋아요, 살기 아주 편해요. 그런데 요 며칠 수도꼭지에서 물이 좀 새요.
집주인 내가 좀 볼게. 문제가 크진 않아. 내일 사람 불러서 수리해 줄게.
안나 번거롭게 해 드렸네요.
집주인 별 소릴 다하네. 참, 이건 오늘 내가 빚은 만두야. 맛 좀 봐.
메리 와, 제가 먹을 복이 많네요.

UNIT 08

98쪽

판매원 안녕하세요, 어떤 옷을 사고 싶으세요?
메리 제가 입을 만한 외투가 있나요?
판매원 손님은 몸매가 좋으셔서 어울릴 만한 옷이 아주 많아요. 그보다 어떤 스타일을 좋아하시는지가 중요하죠. 따라오세요. 보세요. 전부 최근에 나온 새 디자인이에요. 특히 손님과 같은 나이대의 아가씨들이 입기에 딱이죠.
메리 디자인이 너무 다양해서 어떤 옷을 골라야 할지 모르겠네요. 안나, 네가 좀 조언해 줘.
안나 나도 눈이 다 어지럽다. 오, 이거 어떤 거 같아?
메리 야! 이건 좀 그렇잖아?
안나 이런 게 유행이지! 넌 너무 보수적이야! 그럼 이거 봐.
메리 이건 그런대로 괜찮다. 사이즈가 맞나 모르겠네.
판매원 입어 보셔도 돼요. 탈의실은 저쪽입니다.
메리 (탈의실에서 나오면서) 봐, 내가 이 옷 입으면 좀……
판매원 그 옷 정말 손님한테 딱이네요. 손님을 위해 디자인된 것 같아요.
메리 소매가 좀 길지 않아요?
판매원 좀 길긴 한데, 이런 스타일의 옷은 소매가 다 길어요. 지금은 소매를 길게 입는 것도 유행이에요.
메리 알았어요. 그럼 이걸로 살게요. 이 옷은 얼마인가요?
판매원 550위안이요.
안나 좀 깎아 주실 순 없나요?
판매원 이건 신제품이라 할인이 안 돼요.
안나 하지만 아까 들어올 때 이 상점 문 앞에 쓰여 있는 걸 봤어요. "의류 대 할인", "우대 가격" 뭐 그런 거요.
판매원 그건 여름옷만 해당 돼요. 시즌 할인이죠. 사고 싶으시면 여기에도 있으니까 보세요. 20% 할인해 드려요.
메리 알았어요. 550위안으로 하죠. 어쨌거나 난 이 옷이 아주 마음에 들어요.
판매원 그럼 영수증을 끊을게요. 3번 계산대에 가서 계산하세요.
(메리가 계산한 후에 교환권을 판매원에게 내민다)
판매원 영수증입니다. 받으세요. 만약 품질에 문제가 있다면 영수증을 가지고 교환하러 오세요.
메리 감사합니다.
판매원 별말씀을요. 안녕히 가세요. 다음에 또 오세요.

메리 데이비드, 이 다기 세트 어때?
데이비드 와! 정말 괜찮은데? 사고 싶어?
메리 정말 사고 싶어. 그렇게 비싸진 않겠지?
데이비드 내가 좀 깎아 볼게. (상인 A에게) 여기요, 이 다기 세트는 어떻게 파나요?
상인 A 당신이군요? 오랜만이네요. 뭘 사려고요? 다기요? 이걸 보셔야 해요. 이건 징더쩐 제품이라고요. 다른 사람한테는 120위안이지만, 정말 사고 싶다면 80위안에 드리죠.
데이비드 조금만 더 싸게 해 줄 순 없어요?
상인 A 친구 사이라 어쩔 수 없군요! 60위안에 드리죠!
데이비드 (메리에게) 어때? 120위안에서 60위안으로 깎았어, 이 정도면 괜찮지?
메리 그럼 한 세트 사야겠다.
(데이비드와 메리가 걸어가며 이야기를 나눈다)
데이비드 앞으로 여기에 물건 사러 올 때는 날 불러. 나는 값을 깎는 걸 제일 잘해.
메리 (길가의 노점에 있는 다기를 가리키며) 어? 저기 있는 다기 세트가 내가 산 거랑 아주 똑같아. 이번엔 내가 시도해 볼게. (상인 B에게) 이 다기 세트는 어떻게 파나요?
상인 B 50위안이요.
메리, 데이비드 네?

UNIT 09　　110쪽

대화 1

왕평	데이비드, 상의할 일이 있는데. 이번 주말에 시간 있어?
데이비드	이번 주말에는 서점에 갈까 하는데. 급한 건 아냐. 무슨 일인데?
왕평	중요한 일이야. 그리고 이 일은 꼭 네가 가야 해.
데이비드	무슨 일인데 그렇게 중요해? 나는 먹는 거 말고는 할 줄 아는 게 없어.
왕평	바로 맞혔어. 너한테 식사 대접하는 거야.
데이비드	장난하지 마. 먹는다는 말만 들어도 몸이 근질근질한걸?
왕평	농담 아니야. 이번 주말에 너와 메리를 우리 집에 초대할까 해.
데이비드	정말? 난 너희 어머니가 해 주시는 음식이 제일 좋아.
왕평	우리 엄마가 지금도 네 얘기를 자주 하셔. 그 쓰촨요리를 좋아하는 데이비드가 안 온 지 오래됐다고 하시면서 말야. 그런데 메리는 중국에 온 지 얼마 안 됐고 우리 집에 가 본 적도 없으니까 우리 집에 초대해서 중국인의 가정 생활을 알려 줄까 해. 그럼 중국어 공부하는 데도 도움이 될 거야.
데이비드	메리한테 말했어?
왕평	벌써 얘기했어. 모레 저녁 6시에 네가 메리를 데리고 우리 집에 와. 어때?
데이비드	좋지. 그럼 결정한 거다.

대화 2

데이비드	미안, 미안. 우리가 늦었어.
왕평	나 문 앞에서 한참 서 있었어. 우리 집 주소가 찾기 어려워?
데이비드	그게 아니고, 다 메리 때문이야. 선물을 꼭 사야 한다잖아. 내가 술 한 병 가져가니까 함께 주는 걸로 하자고 했는데 메리가 싫대.
왕평	데이비드, 내 얘기는 통 안 듣는구나. 올 때마다 술을 가져오다니.
데이비드	네 아버지는 이 술을 제일 좋아하셔. 이따가 네 아버지랑 같이 마실 거야.
메리	데이비드, 왕평의 아버지는 무서우셔? 난 미국에 있을 때 친구 아버지와 얘기 나누는 게 제일 무서웠어.
데이비드	난 왕평 아버지와 얘기 나누는 게 좋던데. 아버지는 항상 내게 "우리 샤오펑은 노는 너무 걸 좋아하니까. 너희들이 좀 도와줘라."라고 말씀하시지.
왕평	밖에 서서 그만 얘기하고 빨리 들어가자!
메리	참! 데이비드, 왕평의 부모님을 뵈면 어떻게 불러야 해?
데이비드	'아저씨, 아줌마'라고 하면 돼.
메리	중국인의 집에서 무슨 얘기를 해야 할지 모르겠네.
데이비드	날 보고 배워. 내가 말하는 대로 너도 따라 해.

대화 3

왕평	아빠! 엄마! 제 친구들이 왔어요.
왕평 어머니	응, 어서 들어와라!
왕평	(부모님께) 이쪽이 바로 제가 자주 말씀드렸던 메리예요. (메리에게) 메리, 이쪽은 우리 부모님이야.
메리	아저씨! 아주머니!
왕평 부모님	환영한다.
데이비드	아저씨, 아주머니, 절 기억하시겠어요?
왕평 아버지	아, 데이비드, 아주 오랜만에 우리 집에 왔구나.
메리	(과일을 드리며) 아주머니, 이건 제 작은 성의예요.
왕평 어머니	웬 선물을 다 가져왔어! 앞으론 이러지 마. 자, 자, 어서 안으로 들어가서 앉자!

본문 해석

메리	(안쪽 방으로 들어가며) 아주머니, 집이 정말 넓네요!
왕펑 어머니	무슨 소리. 너무 좁지. 손님이 많이 오면 다 앉을 수도 없어.
왕펑 아버지	얘기만 하지 말고 얼른 앉게 해요. 샤오펑, 손님들께 차 드려라.
왕펑 어머니	다들 샤오펑의 친구니까, 여기를 자기 집처럼 생각해. 절대 어려워 말고. 자, 여기 사탕하고 과일이 있으니까 편히 들어. 샤오펑, 친구들한테 귤 좀 까 주렴.
데이비드	아주머니, 괜찮습니다. 저희가 할게요. (왕펑의 아버지에게) 아저씨, 정말 오랜만이네요. 몸은 건강하시죠?
왕펑 아버지	늙으니까 예전 같지가 않아. 걱정해 줘서 고마워. 샤오펑은 집에 오면 늘 두 사람 얘기야. 샤오펑이 자네들 같은 외국 친구를 사귀어서 정말 기쁘단다!
메리	저도 댁에 초대받아 정말 기뻐요.
왕펑 어머니	샤오펑, 손님하고 같이 앉아 있어라. 난 밥 하러 갈게.
왕펑	저도 갈게요. 제가 도와 드릴게요.
데이비드	아주머니, 실례가 많습니다.
왕펑 어머니	실례는 무슨. 가정식이라 조금 있으면 돼. 메리는 처음 왔으니 조금 있다가 내 솜씨를 맛보렴.

UNIT 10　　　　　　　　　　　　124쪽

대화1

메리	아저씨, 아저씨와 아주머니는 무슨 일을 하시나요?
왕펑 아버지	우리는 모두 은행에서 일해.
메리	일이 바쁘세요?
왕펑 아버지	일은 바쁘지 않아. 다만 회사가 집에서 좀 멀어.
메리	그럼 매일 아침 일찍 일어나서 출근하시겠네요?
왕펑 아버지	그렇지. 비바람이라도 부는 날이면 더 일찍 일어나. 하지만 시간이 지나니까 익숙해 지더구나.
데이비드	여전히 자주 경극을 보세요?
왕펑 아버지	물론이지! 나와 샤오펑 엄마는 모두 연극 마니아야.
데이비드	저도 요즘은 경극을 좋아해요. 다만 경극에 대한 지식은 잘 몰라요. 앞으로 많이 여쭤보겠습니다.
왕펑 아버지	별말을 다한다. 하지만 경극 지식이라면 내가 좀 알긴 하지.
데이비드	전 특히 경극 부르는 것을 배워 보고 싶어요.
왕펑 아버지	노래 부르는 거라면 난 정말 꽝이야. (주방을 가리키며) 샤오펑 엄마는 잘해.

왕펑과 어머니가 거실로 온다.

왕펑 어머니	내가 뭐라고요? (모두에게) 밥 다 됐어. 먹으면서 얘기 나눠.
왕펑	다들 앉으세요. 오늘 내가 요리 하나 했어요.
메리	너도 요리할 줄 알아?

대화2

메리	와, 요리를 이렇게나 많이 하셨네요!
데이비드	아주머니, 수고 많으셨어요.
왕펑 어머니	수고는 무슨. 맛있게만 먹어 주면 돼.
메리	아주머니가 하신 음식은 분명 맛있을 거예요.
왕펑	우리 엄마는 쓰촨요리를 제일 잘하셔. 난 어릴 때부터 좋아했지.
데이비드	저도 아주 아주 좋아해요. 아무리 먹어도 부족하죠.
왕펑 어머니	요리를 별로 잘하지는 못하지만 편하게 들

	어.
데이비드	그럼 사양하지 않겠습니다.
왕평 어머니	이건 '위샹러우쓰'야. 메리, 매운 거 잘 먹어?
메리	전 매운 요리 좋아해요. 하지만 중국의 어떤 지방은 고추가 아주 맵다고 하던데요.
데이비드	쓰촨요리는 대부분 매워. 우리 학교 근처에도 쓰촨요리 가게가 있는데 난 거기 자주 가서 먹어.
왕평 어머니	내가 한 쓰촨요리 좀 맛 봐. 메리, 맛있니?
메리	정말 맛있어요! 학교 식당보다 훨씬 맛있어요.
왕평 어머니	입에 맞으면 많이 먹어. (메리에게 요리를 집어주며) 자, 이것도 들어.
메리	감사합니다. 괜찮아요. 제가 할게요.
데이비드	아주머니, 만약 미국에서 식당 차리시면 분명 대박나실 거예요.
왕평	야, 내가 한 요리는 아직 안 먹어 봤잖아!
메리	어떤 게 네가 한 요리야?
왕평	감자채 볶음. 어때? 먹을 만하지?
메리	응, 아주 괜찮아. 이런 재주가 있을 줄은 몰랐네.

데이비드	아저씨, 아주머니, 시간이 늦었네요. 저흰 이만 가봐야겠어요.
왕평 어머니	뭘 그렇게 서둘러. 좀 더 있다가 가. 오늘 배부르게 먹었어?
메리	잘 먹었습니다. 아주머니, 요리가 정말 맛있었어요!
왕평 어머니	맘에 들면 자주 와. 내가 매일 해 줄게.
데이비드	그럼 큰일 나요! 메리가 여기서 살려고 할 거예요.
왕평 어머니	데이비드는 농담도 잘해.
메리	얘는 원래 이래요. 우리도 못 말린다니까요. 사실 데이비드가 누구보다도 식탐이 많은걸요. 진작부터 여기서 살고 싶어 했어요.
데이비드	아저씨, 아주머니, 환대에 감사드립니다.
메리	맞아요. 두 분께 긴 시간 뺏었네요. 정말 죄송합니다.
왕평 아버지	그런 말 마. 이렇게 와 줘서 기쁜걸. 평소엔 이렇게 떠들썩 하지 않거든.
왕평 어머니	너희들 자주 오렴. 우리 둘은 떠들썩한 걸 좋아해.
데이비드	앞으로 시간 나면 또 오겠습니다. 두 분은 내일 일찍 출근하셔야 하잖아요. 일찍 쉬세요. 더는 방해 않겠습니다.
왕평 아버지	너희도 내일 학교 가야 하니까 우리도 더 붙잡지 않을게. 앞으로 오고 싶거든 전화만 해.
데이비드	걱정 마세요. 어머니가 해 주시는 맛있는 요리가 있는 한 저는 안 와도 메리는 꼭 올 거예요.
메리	말하는 것 좀 봐!
데이비드	아저씨, 아주머니, 이만 가겠습니다. 안녕히 계세요!
왕평 부모님	조심해서 가!
데이비드	배웅하지 마세요. 들어가세요.
왕평 아버지	그럼 멀리 안 나갈게. 샤오핑, 네가 우리 대신 손님들 배웅해라.

UNIT 11

138쪽

대화 1

메리	왕평, 너희 어머니가 하신 요리 정말 맛있더라. 우리 엄마도 그런 요리를 할 줄 아시면 얼마나 좋을까!
왕평	왜 꼭 엄마가 해야 해? 네가 배워서 하면 되잖아.
메리	내가 어떻게 할 수 있겠어? 난 요리를 해 본 적이 없어!
왕평	사실 요리는 별로 안 어려워. 배우면 바로 할 수 있어. 날 봐. 나도 요리 몇 개는 하잖아.

본문 해석

메리 하지만 '말하긴 쉬워도 하려면 어렵잖아'. 맞다, 생각났다 네가 했던 감자 볶음 괜찮았어. 난 감자를 자주 먹지만 볶은 감자는 먹어 본 적 없었거든.
왕펑 그건 '감자 볶음'이 아니고 감자채 볶음이야.
메리 미안해. 잊어버렸었어. 아, 그래. 그 요리 하는 것 좀 가르쳐 줘!
왕펑 좋아. 네 주방에 도구는 있어?
메리 있어. 유학생 기숙사에 공동 주방이 있어. 몇몇 학우들은 직접 밥을 해 먹는 걸 좋아하거든. 걔네한테 빌리면 돼.
왕펑 좋아. 양념만 다 있으면 감자 몇 개랑 피망만 사면 되겠다.
메리 그럼 그렇게 하는 거다. 내일 과외는 아주 중요한 내용이 되겠군. 중국 요리 배우기.

왕펑 메리, 재료는 다 준비됐어?
메리 물론이지! 감자, 피망, 파, 기름, 소금, 식초 다 있어. 부족한 거 있나 봐.
왕펑 그 정도면 됐어. 그럼 우리 시작하자! 먼저 감자, 피망, 파를 채로 썰자. 난 감자를 썰 테니 넌 피망을 썰어.
메리 어떻게 썰어?
왕펑 가늘게 채 썰어. 얇을수록 좋아. 손 안 베게 조심하고.

잠시 후

메리 왕펑, 너 정말 대단하다. 감자를 이렇게 얇게 썰다니. 나 좀 봐. 피망을 마치 나뭇잎처럼 썰어 놨어.
왕펑 괜찮아. 몇 번 더 썰면 돼.
메리 그냥 네가 썰어라. 그렇지 않으면 어떤 건 두껍고 어떤 건 얇고, 섞여 있으면 보기 안 좋아!
왕펑 좋아, 내가 썰게. 넌 불 좀 켜.
메리 (불을 붙이며) 팬이 달궈졌다. 뭘 먼저 넣어?
왕펑 먼저 기름을 좀 넣어.
메리 얼마나 넣어?
왕펑 따라 봐. 내가 볼게. 따라…… 조금 더…… 아이고, 너무 많이 따랐다.
메리 어! 기름에서 연기가 난다!
왕펑 빨리 파 썬 걸 넣어.
메리 파 썬 건 어디 있어?
왕펑 너도 참! 그냥 내가 할게. 넌 옆에서 내가 하는 걸 잘 봐.
메리 알았어. 눈 크게 뜨고 볼게.
왕펑 (말하면서 요리한다) 파 채 썬 걸 넣고 몇 번 볶아. 그리고 채 썬 감자를 넣고 다시 식초 몇 방울을 떨어뜨려. 그렇게 볶으면 감자채가 아삭거려서 맛있거든. 조금 볶은 후에 피망을 넣고 같이 볶아. 거의 다 익었을 때 소금을 넣으면 감자채 볶음은 완성돼.

왕펑 자, 먹어 봐.
메리 와, 정말 맛있다!
왕펑 어때? 요리하는 것 별로 안 어렵지?
메리 네가 하는 거 보니까 아주 쉬운데 내가 잘 할 수 있을지 모르겠어. 그리고 익었는지 안 익었는지 어떻게 알아?
왕펑 거의 다 된 것 같으면 맛을 봐, 경험이 생기면 색깔만 봐도 알게 될 거야.
메리 그럼 소금은 얼마나 넣어?
왕펑 그건 네 입맛에 달렸어. 짭짤한 걸 좋아하면 좀 많이 넣어. 하지만 처음에는 조금 넣어야 해. 부족하면 조금 더 넣고, 한꺼번에 많이 넣으면 나중엔 어쩔 도리가 없으니까.
메리 이제 알았어. 왕펑, 언제 다른 요리 몇 개 더 가르쳐 줄 거야? 다 배운 다음에 미국에 돌아가서 중국 식당 차려야지.
왕펑 이런, 그럼 난 먹을 수가 없잖아!
메리 누가 알아! 네가 나중에 미국에 유학 가게 될지?
왕펑 만약 그렇게 되면 매일 네가 하는 식당에서 밥 먹을게.
메리 당연히 그래야지. 게다가 무료야. 하지만 그때 내

가 널 주방장님으로 초빙할게.
왕평 뭐? 나 보고 하라고?

UNIT 12 152쪽

메리 아, 왕평, 오늘 수업 시간에 우리 반 회화 선생님이 중국의 유행가를 가르쳐 주셨는데…… 음…… 제목이 뭐였더라. 아무튼 너희 남자들이 부르는 노래였어.
왕평 남녀 모두 부를 수 있는 노래는 많아.
메리 그 노래는 여자들이 부르기에 적합하지 않아. 선생님께서 그 노래의 동영상을 틀어 주셨는데 영상에서 남자가 뛰면서 목청을 높이며 고함을 치더라.
왕평 네 말투를 들으니 그 노래가 싫은가 봐?
메리 들으니까 그런대로 괜찮지만 부르지는 못해. 그런데 우리 반 남자애들은 엄청 신나게 부르더라. 한번 부르기 시작하면 귀가 아플 정도로 울려.
왕평 그럼 넌 어떤 노래를 좋아해?
메리 나는 좀 느리고 부드러운 노래가 좋아. 〈월량대표아적심〉, 〈내일도 여전히 날 사랑할 건가요?〉 같은 거.
왕평 아는 게 참 많구나!
메리 내 룸메이트가 이런 노래를 좋아해. 걔는 음악 다운로드 사이트를 자주 보고 하루 종일 듣거든. 나도 따라서 흥얼거렸지. 하지만 부르라고 하면 못 부를 거야. 가사도 모르고.
왕평 배우고 싶어? 내가 가르쳐 줄게.
메리 너도 노래 부르는 거 좋아해? 정말 대단하다! 구기, 요리, 노래 전부 다 잘하다니!
왕평 미리부터 띄우지 마. 나도 '목청을 높이며 고함을 치는' 그런 사람이니까. 내가 노래를 부르면 네가 귀를 막으며 도망갈지도 모르지.
메리 설마 그 정도일까.

왕평 그럼 아쉬운 대로 가르쳐 줄게. 말해 봐. 뭘 배우고 싶어?
메리 난 네가 중국의 민요를 가르쳐 줬으면 좋겠어. 나는 유행가보다는 중국 민요를 더 좋아해. 특히 중국 소수 민족의 민요. 미국에 있을 때 중국 민요 CD를 사서 몇 곡 배웠었는데 이제 거의 다 잊어버렸어.
왕평 어떤 민족의 노래를 배우고 싶은데?
메리 다 배우고 싶어.
왕평 다 배울 수 있을까? 내가 알려 줄게, 중국에는 56개의 소수민족이 있어! 다 배우려면 평생 걸릴지도 몰라.
메리 그럼 네가 좋아하는 걸로 몇 곡 가르쳐 줘.
왕평 이렇게 하자. 내가 가서 인터넷으로 몇 곡 다운로드 받아서 다음에 과외할 때 USB에 담아 올테니 네가 먼저 들어 봐, 마음에 드는 곡으로 가르쳐 줄게. 어때?
메리 아주 좋아!

메리 민요 다운로드 받았어?
왕평 잊을 리가 있나. 벌써 준비했지.
메리 그럼 보여 줘. (컴퓨터를 켜며) 와, 이렇게 많아!
왕평 이게 많다고?
메리 와, 이 〈캉딩의 사랑가〉는 미국에서 배웠던 거야. 아마 '세차게 말 달린 산 위로 흐르는 구름 한 송이……' 이런, 뒷부분 가사는 잊어버렸다.
왕평 이건 쓰촨 캉딩 지방 짱족의 노래야.
메리 이 〈모리화〉는 들어 본 것 같아. 그런데 부를 줄은 몰라.
왕평 이건 중국 남방 한족의 민요야. 이 몽고족 노래 좀 들어 봐. 이름이 '아오바오에서 만나요'야.
메리 정말 듣기 좋다! 그런데 음이 너무 높은 것 같아. 난 못 부를 것 같은데.
왕평 그럼 두 톤만 낮추지 뭐.
메리 아, 깜빡하고 안 물어봤네. 넌 어디 사람이야?

본문 해석

왕펑 중국인이지!
메리 네가 중국인인지 모를까 봐? 내 말은 중국 어느 지방 사람이냐고.
왕펑 난 베이징 사람이야.
메리 베이징엔 어떤 좋은 민요가 있어?
왕펑 그건 잘 모르겠어. 참, 베이징은 동요가 매우 유명해.
메리 동요가 뭐야?
왕펑 애들이 부르는 노래야. (어린아이의 말투를 흉내 내며) "꼬마 토끼야, 정말 하얗구나. 두 귀를 쫑긋 세웠네. 무도 좋아하고 채소도 좋아하지. 깡충깡충 정말 귀여워".
메리 너무 웃기다! 왕펑, 이제야 네가 왜 그렇게 재미있는지 알겠어. 베이징 문화가 너에게 영향을 끼친 것 같아.
왕펑 베이징 사람들은 말을 참 재미있게 해. 언제 시간 날 때 베이징 노인들 대화하는 거 들어 봐. 그게 진짜 재미있어!

UNIT 13　　　　　　　　　　164쪽

대화1

메리 왕펑, 아까 상점에 갔었는데 학생들이 빵도 사고, 생수도 사던데? 마치 어디로 여행이라도 가는 것 같았어. 무슨 일이야?
왕펑 내일은 중국의 중양절이고 또 주말이잖아. 학생회에서 등산을 계획했거든. 나도 갈 거야. 넌 안 갈래?
메리 중양절? 난 9월이라고 들었는데 내일은 10월 15일이잖아.
왕펑 그건 양력이지. 음력 계산 방식에 따르면 내일은 9월 초아흐레야.
메리 음력이 뭐야?
왕펑 음력은 중국 전통 역법인데 우리가 지금 쓰고 있는 양력하고는 달라. 일반적으로 양력보다 한 달 정도 느려.
메리 그럼 중양절에는 다들 뭘 해? 내 추측이 틀리지 않다면 분명 명절 음식이 있을 거야.
왕펑 네 추측이 맞았어! 중양절은 주로 북방 사람들이 쇠는 명절이야. 이 시기는 한 가을 이고 서늘한데다 농가 수확도 많지. 국화꽃도 피고 산에는 낙엽이 붉게 물들어서 사람들이 모두 즐거워 해. 고대에는 중양절이 되면 사람들이 등산을 갔어. 국화를 감상하고 국화주를 마시고 시를 짓거나 연을 날리고 또 고기를 구웠지. 또 중양떡이라고 아주 맛있는 음식이 있어. 등산을 안 가는 사람들은 다들 그 떡을 먹어.
메리 얘기 들으니까 침이 고이네.
왕펑 안타까운 건 이젠 그런 음식을 먹기가 힘들다는 거야! 지금은 그 많은 활동들을 볼래야 볼 수가 없어.

대화2

메리 그럼 요즘은 중양절에 어떤 것들을 해?
왕펑 교외로 등산을 가! 지금이 산의 단풍이 가장 아름다울 때잖아. 내일은 산이 있는 데라면 전부 등산객들이 많이 있을 거야! 여기저기서 등산 대회도 열어.
메리 중양절에는 왜 등산을 해?
왕펑 예전에는 그날 등산하면 액운이 물러간다고 전해졌어. 물론 현대의 사람들이 다 그렇게 생각하는 건 아니겠지. 다만 명절을 통해서 운동도 하고 놀기도 하는 거야. 두 말 할 것도 없이 등산은 아주 좋은 운동이잖아!
메리 그럼 중양절엔 주로 어떤 산으로 등산을 가?
왕펑 상황 봐서. 만약 중양절이 주말이면 우리는 좀 더 멀리 명산으로 등산을 가.
메리 중국에는 어떤 명산이 있어?
왕펑 명산은 아주 많지! 타이산, 황산, 루산…… 좀 높은 곳을 가고 싶으면 에베레스트도 있어.
메리 거길 내가 어떻게 올라가? 학교 부근의 작은 산이

	나 갈래. 그럼 중양절에 젊은이들이 등산을 하면 노인들은 뭐 해?
왕펑	등산을 할 수 있는 노인은 등산을 하지! 등산 외에도 여러 곳에서 노인들을 위한 다양한 행사를 마련해. 어떤 도시는 이날을 경로의 날로 정해서 젊은이들이 노인을 돕는 행사를 하기도 해.
메리	정말 세심하다. 그럼 중양절은 노인의 날이라고 불러도 되겠다.
왕펑	그렇지. 아이고, 계속 얘기만 했네. 내일 등산 갈래 안 갈래?
메리	물론 갈 거야! 그런데 지금 너무 늦었잖아. 난 먹을 거랑 마실 거 하나도 준비 못했어!
왕펑	아무 것도 안 가져와도 돼. 우리가 벌써 다 준비했어.
메리	고기 구이도 있어?
왕펑	고기 구이는 못 먹어.
메리	왜?
왕펑	산에서는 불을 피울 수 없어. 불이라도 나면 우리가 바비큐가 돼 버릴 거야!

UNIT 14 176쪽

기자	안녕하세요. 저는 TV 방송국의 〈행복한 주말〉이라는 프로그램의 기자입니다. 우리는 유학생들의 주말 생활을 알아보고자 하는데요. 우리 인터뷰에 응해 주시겠습니까?
메리	와, 난 TV 기자랑 얘기해 보는 게 처음이라 무슨 말을 해야 할지 모르겠어요. 데이비드, 넌 아는 게 많으니까 네가 먼저 말해!
데이비드	긴장한 거 하고는! 알았어. 제 얘기 먼저 할게요. 전 주말에 비교적 바빠요. 저는 운동을 좋아합니다. 제 키를 보면 제가 무슨 운동을 좋아하는지 아시겠죠?
기자	분명 농구일 것 같은데요.
데이비드	맞아요. 전 원래 우리 대학 선수단이었고 전국 대회에도 나갔었어요. 지금은 몇몇 농구 마니아끼리 농구팀을 조직해서 주말에 경기를 하곤 합니다. 허풍이 아니라 지금까지 우린 진정한 적수를 만나지 못했어요.
기자	그렇게 대단해요? 우리 방송국에도 괜찮은 기자 농구단이 있는데 멤버 여러 명이 전에 프로팀 선수였어요. 어때요? 우리하고 한번 붙어 볼 생각 있어요?
데이비드	두말할 필요 없죠. 날짜만 정하세요!
기자	농구 말고 주말에는 또 무슨 일을 하세요?
데이비드	친구와 자전거로 교외로 놀러 가는 걸 좋아해요.
기자	어디로 가는 걸 좋아해요?
데이비드	주로 산이 있는 곳이요. 아주 일찍 출발해서 때로는 몇 시간씩 산을 향해 자전거를 타죠. 일단 도착한 후에 괜찮은 것 같으면 자전거를 세워 두고 등산을 합니다. 우리 학교 북쪽에 있는 산은 거의 다 우리한테 정복당했죠.
기자	주말을 아주 다채롭게 보내시는군요.

대화 2

기자	상의 좀 할게요. 다음에 교외에 나갈 때 제가 따라가서 취재해도 될까요?
데이비드	물론 환영이죠! 하지만 우리랑 같이 자전거로 가셔야 해요.
기자	문제 없습니다. 알려 줄게요. 사실 나도 젊었을 때 운동선수였어요!
데이비드	좋습니다. 그럼 등산 시합하죠. 어때요?
기자	그럼 정한 겁니다!
데이비드	전 여기까지 얘기하죠! 안나, 네 차례야.
안나	솔직히 저는 주말이 제일 좋아요. 생각해 보세요. 일주일을 공부했으니 주말에는 마땅히 긴장을 좀 풀어 줘야 하잖아요? 저는 노래 부르는 것을 좋아해서 친구랑 노래방에 가곤 해요.
기자	당신 취미도 좋네요.

본문 해석

안나	지금 유행하는 노래는 거의 다 부를 줄 알아요. 맞다, 지난주에 우리 대학에서 중국 노래 대회가 있었는데 거기서 상도 탔어요!
기자	방송국에서 노래해 볼 생각 있어요?
메리	얘는 꿈에도 바랄 걸요.
안나	정말 방송국에서 노래하게 되면 녹화 영상을 인터넷으로 엄마한테 보내 드릴래요. 기뻐하실 거예요.
기자	그건 문제 없습니다. 돌아가서 연락해 보죠. 기회가 생기는 대로 방송국에 출연해서 노래하게 해 줄게요.
메리	얜 좋아 죽을 거예요!
기자	노래 말고 또 뭘 하나요?
안나	춤 춰요! 저는 클럽에 가는 걸 좋아해요. 너무 신나요. 주말에는 우리 대학에 있는 학생 댄스 파티에도 가죠. 거기서 중국 친구도 많이 사귈 수 있거든요.
메리	얘는 가무를 정말 좋아해요. 저는 안나가 대학을 잘못 들어왔다고 말하죠. 음대나 무용대에 갔어야 한다고요.
안나	내 얘긴 그만 하고 네 얘기나 해 봐!
메리	사실 저는 별로 할 말이 없어요. 때로는 주말에 뭘 했는지도 모르는 걸요. 빨래하고 청소도 하고 친구랑 수다도 떨죠. 밖에 나가서 책이나 옷을 사기도 하고 TV를 보다 보면 주말이 얼렁뚱땅 지나가요.
기자	주말에 약속은 없나요?
메리	상전 아직 남자친구가 없는 걸! 물론 남자인 친한 친구는 몇 명 있죠. 하지만 우린 그냥 친구예요. 저는 정말 절 좋아해 주고 관심 가져 주고 또 사랑해 주는 남자 친구가 있었으면 좋겠어요!
안나	TV에 그런 프로그램 있더라. 〈두근두근 스위치〉인가 뭐 그렇던데. 네가 TV에 출연하면 매일 네 전화통에 불이 날 걸!
메리	나 좀 봐줘. 매일 전화가 오면 넌 짜증나지 않겠어?

UNIT 15 188쪽

대화 1

메리	왕평, 이해가 가지 않는 게 하나 있어. 중국은 새해 첫날에 왜 그렇게 조용해? 그냥 보통 주말과 별로 다르지 않아.
왕평	그건 중국에 새해 첫날이 두 번 있기 때문이야. 하나는 신정, 또 하나는 춘절이지. 중국인한테는 전통 명절인 춘절이 진짜 새해 첫날이거든!
메리	춘절은 언제야?
왕평	음력 정월 초하루. 대게 양력 2월이나 1월 말쯤이야.
메리	그때 학교는 전부 방학하잖아?
왕평	맞아, 만약 그때 귀국하지 않으면 중국인들이 어떻게 춘절을 보내는지 봐. 구경거리가 정말 많아!
메리	춘절에 무슨 구경거리가 있어?
왕평	구경거리 천지야! 춘절 10여 일 전이면 상점들부터 바빠지기 시작해. 여기저기 춘련을 붙이고 홍등을 달거든. 또 창문에 커다란 '복' 자를 거꾸로 붙여놓지.
메리	맞다, TV에서 본 적 있어. 그런데 왜 '복' 자를 거꾸로 붙여?
왕평	그건 '거꾸로'라는 글자를 빌려서 '복이 온다'라는 뜻을 나타낸 거야.
메리	그렇게 좋은 아이디어는 누가 낸 걸까? 정말 재미있다!
왕평	해음자(발음이 비슷한 단어)로 사람들의 소망을 나타내는 예는 아주 많아! 예를 들어 새해가 되면 집집마다 생선을 먹는데 그건 매년 풍족하라는 뜻이야. 또 귤과 사과를 선물하는 건 운수대

길하고 평안하라는 뜻을 담고 있어.
메리 생각도 못했는데 한자에는 문화적 함의가 정말 풍부하구나.

대화 2

왕평 가장 떠들썩한 건 음력 섣달 그믐날이야. 섣달 그믐날, 즉 춘절 전날인데 온 가족이 함께 모여서 밥을 먹지. 그리고 얘기를 나누고 신년만회 프로그램을 보거나 마작을 해. 전통적인 집안은 대게 그믐날 밤을 새.
메리 밤을 샌다고? 배도 안 고파?
왕평 그건 괜찮아. 밤 12시 새해를 알리는 종이 울리면 만두를 삶거든.
메리 한밤중에 만두를 먹어?
왕평 응! 만두(교자)라는 이름이 어떻게 생겨난 건지 알아? 섣달 그믐날 밤은 새해와 묵은 해가 자시에 서로 교체한다는 뜻에서 교자라고 했어. 만두(교자)라는 이름이 바로 거기서 유래한 거야.
메리 만두는 자주 먹는데 만두의 유래에 대해서는 처음 들었어.
왕평 아이들은 춘절을 정말 좋아하지! 춘절이 되면 며칠 동안 신나게 놀 수 있고 세뱃돈도 많이 받거든. 너도 춘절에 중국인의 집에 가면 세뱃돈을 받을지도 몰라!
메리 난 어린애가 아닌걸!
왕평 춘절에는 또 친척과 친구들한테 새해 인사를 해.
메리 만약 춘절에 중국인의 집에 가게 되면 뭐라고 말해야 해?
왕평 뭐든 다 괜찮아. 물론 덕담이어야겠지. "새해 복 많이 받으세요", "행복한 새해 맞이하세요", "축하드립니다", "부자되세요" 등등. 만약 "죽는다"거나 "죽인다" 같은 말을 꺼내면 분명 한대 맞을 거야.
메리 야! 새해 첫날인데 내가 그런 말을 왜 해? 중국은 춘절에 며칠 쉰다고 하는데 며칠간 새해 인사만 하진 않을 거잖아?
왕평 재회(齋會)에 갈 수도 있어! 재회는 주로 공원이나 절 안에서 열려. 거기 가면 다양한 특색 있는 먹거리도 맛볼 수 있고 각지의 민간 공연도 볼 수 있어. 사자춤, 용등춤 같은 거. 분명 눈이 다 어지러울걸!
메리 네가 신나게 얘기하는 걸 들어보니 정말 꼭 가 봐야겠다.

대화 3

메리 맞다, 폭죽은 어떻게 터뜨리는지 아직 말 안 해줬잖아! 새해에 여기저기서 폭죽을 터뜨려서 정말 신난다던대.
왕평 어디서든 다 터뜨릴 수 있는 건 아냐. 주유소, 병원, 주택가 같은 곳은 폭죽 금지거든.
메리 그건 왜 그래?
왕평 그런 곳에서 폭죽을 터뜨리는 건 너무 위험하고 다른 사람들의 휴식을 방해할 수도 있어. 그래서 많은 곳에서 폭죽을 금지하지. 게다가 터뜨리는 시간도 제한이 있어.
메리 그것도 맞긴 하다. 너도 알지, 내가 전에 영화에서 폭죽 터뜨리는 걸 보고 직접 터뜨려 보고 싶어했잖아.
왕평 정말 폭죽을 터뜨리고 싶으면 나랑 교외 농촌으로 가자.
메리 농촌에서는 폭죽을 터뜨릴 수 있어?
왕평 물론이지. 게다가 농촌의 춘절은 도시보다 더 신나! 올해 춘절에 나는 농촌에 있는 친척 집에 가기로 했어. 그때 나랑 같이 가서 신나게 터뜨리자!
메리 와! 알고 보니 너도 폭죽 마니아구나!

교체 연습 해석

UNIT 01   20쪽

01 ① 저는 다나카라고 해요. 데이비드의 룸메이트예요.
② 저는 왕평이라고 해요. 중국인이에요.
③ 저는 데이비드라고 해요. 이 대학의 유학생이에요.

02 ① 저는 심리학에 관심이 아주 많아요.
② 저는 의상 디자인에 관심이 아주 많아요.
③ 저는 그림 그리는 것에 관심이 아주 많아요.

03 ① 인사해. 이쪽은 내 대학 후배 메리, 이쪽은 내 가장 친한 친구 왕평이야.
② 인사해. 이쪽은 내 동료 메리, 이쪽은 내 무역 파트너 왕평이야.
③ 인사해. 이쪽은 내 미국 친구 메리, 이쪽은 집주인 왕평이야.

04 ① 우린 새로 왔어.
② 우리는 여기 살아.
③ 우리는 같이 자랐어.

UNIT 02   32쪽

01 ① 실례합니다. 지금 등록할 수 있나요?
② 실례합니다. 지금 수속할 수 있나요?
③ 실례합니다. 지금 방세를 낼 수 있나요?

02 ① 먼저 돈을 내고 다시 와서 책을 가져가세요.
② 당신이 먼저 배우고 우리에게 가르쳐 주세요.
③ 먼저 물어보고 나한테 알려 주세요.

03 ① 찐빵과 만두(교자) 말고 면도 있어요.
② 검은색과 파란색을 제외하고 다 괜찮아요.
③ 휴지 말고는 살 필요 없어요.

04 ① 여쭙는 김에 말인데, 몇 시에 1교시가 시작하나요?
② 여쭙는 김에 말인데, 어디에서 이 책을 살 수 있나요?
③ 여쭙는 김에 말인데, 산꼭대기에 화장실이 있나요?

UNIT 03   45쪽

01 ① 네가 나보다 훨씬 크지.
② 네가 나보다 훨씬 말랐지.
③ 네가 나보다 훨씬 예쁘지.

02 ① 서서 먹어도 되잖아!
② 누워서 들어도 되잖아!
③ 앉아서 말해도 되잖아!

03 ① 여기 옷은 매우 비싸.
② 이 책은 매우 이해하기 어려워.
③ 이 영화는 매우 재밌어.

04 ① 화원 안을 마구 뛰어다녀.
② 방 안을 마구 돌아다녀.
③ 물속을 헤엄쳐 다녀.

UNIT 04   56쪽

01 ① 너무 뜨거워.
② 너무 보기 싫어 죽겠어.
③ 너무 기뻐 죽겠어.

02 ① 놀란 것 하고는!
② 자랑스러워하는 것 하고는!
③ 긴장하는 것 하고는!

03 ① 배우자마자 할 수 있어.
② 설명을 하자마자 알아들어.
③ 말하기 시작하면 끝이 없어.

04 ① 그렇게 많이 살 필요 없어.
② 사무실에 물어볼 필요 없어.
③ 준비할 필요 없어.

UNIT 05　　　　　　　　　　68쪽

01 ① 누구한테 줘야 하는지 어떻게 알아?
　　② 어디로 가야 하는지 내가 어떻게 알아?
　　③ 어떻게 써야 하는지 내가 어떻게 알아?

02 ① 뭘 입든 예쁠 거야.
　　② 얼마나 먹던지 다 괜찮을 거야.
　　③ 누구한테 물어보든 다 될 거야.

03 ① 너무 빨리 달리면 분명 사고가 날 거야.
　　② 그가 오지 않으면 분명 지게 될 거야.
　　③ 아버지가 알면 분명 나를 혼낼 거야.

04 ① 밥 한 끼 먹는 데 100위안도 안 들어.
　　② 탁자를 옮기는 데 그렇게 많은 사람은 필요 없어.
　　③ 차를 고치는 데 몇 분도 안 걸려.

UNIT 06　　　　　　　　　　80쪽

01 ① 은행은 이미 문 닫았겠죠?
　　② 선생님은 이미 가셨겠죠?
　　③ 그는 이미 귀국했겠죠?

02 ① 여기 음식은 정말 맛있다.
　　② 당신 아이는 정말 똑똑하다.
　　③ 종일 일하는 것은 너무 피곤하다.

03 ① 날짜를 변경하거나 여행 상품을 바꾸세요.
　　② 끝까지 하거나 아니면 포기하세요.
　　③ 할인을 해 주든가 작은 상품을 증정해 주세요.

04 ① 앞으로 무슨 일 있으면 나한테 물어봐.
　　② 앞으로 무슨 일 있으면 왕 사장을 찾아.
　　③ 앞으로 무슨 일 있으면 그와 상의해.

UNIT 07　　　　　　　　　　92쪽

01 ① 택시 타고 가면 물론 좀 비싸지.
　　② 바로 집에 가면 물론 아쉽지.
　　③ 밤새도록 놀면 물론 끝내주지.

02 ① 입장권은 한 사람에 50원이야.
　　② 사탕은 한 사람당 세 개야.
　　③ 노래 부르는 것은 한 사람당 한 곡이야.

03 ① 인터넷에 거짓 정보는 부지기수이다.
　　② 길에 수입차가 넘쳐 난다.
　　③ 주식 시장에서 기회는 얼마든지 있어.

04 ① 예전보다 훨씬 편해졌지?
　　② 사진보다 훨씬 잘생겼지?
　　③ 작년보다 훨씬 성숙해졌지?

UNIT 08　　　　　　　　　　104쪽

01 ① 네가 좀 물어봐 줘.
　　② 네가 자세히 좀 봐 줘.
　　③ 네가 방법을 생각 좀 해 줘.

02 ① 맛이 구미에 맞나 모르겠네.
　　② 가격이 너무 비싸진 않은지 모르겠네.
　　③ 조건이 나쁘진 않은지 모르겠네.

03 ① 이 노래의 가사는 당신을 위해 쓴 것 같아요.
　　② 이 요리는 당신을 위해 준비한 것 같아요.
　　③ 이 그림은 당신을 위해 그린 것 같아요.

04 ① 악수도 일종의 언어예요.
　　② 평범함도 일종의 행복이에요.
　　③ 실수하는 것도 일종의 학습이에요.

교체 연습 해석

UNIT 09　　　　　　　　　　118쪽

01 ① 그는 텔레비전 보는 것 말고는 아무것도 안 해.
　　② 오늘 파티는 데이비드 말고는 아무도 안 가.
　　③ 어제 그 말고는 아무도 안 왔어.

02 ① 나는 혼자 밤길을 걷는 게 가장 무서워.
　　② 나는 네가 나한테 화내는 게 가장 무서워.
　　③ 나는 여자 친구와 싸우는 게 가장 두려워.

03 ① 내가 하는 대로 너도 따라 해.
　　② 내가 먹는 대로 너도 따라 먹어.
　　③ 내가 노는 대로 너도 따라 놀아.

04 ① 요리를 너무 많이 해서 다 먹을 수가 없어.
　　② 물건이 너무 많아서 다 담을 수도 없어.
　　③ 침실이 너무 작아서 침대 하나도 놓을 수가 없어.

UNIT 10　　　　　　　　　　132쪽

01 ① 춤추는 거라면 난 정말 쨩이야.
　　② 요리하는 거라면 난 정말 쨩이야.
　　③ 술 마시는 거라면 난 정말 쨩이야.

02 ① 열심히만 일하면 승진 기회를 얻을 수 있어.
　　② 꾸준히만 하면 반드시 성공할 수 있어.
　　③ 이 노래를 듣기만 하면 나도 모르는 새 따라서 흥얼거려.

03 ① 이 이야기는 대부분 거짓이야.
　　② 시험 문제는 대부분 선생님이 평소에 강의했던 거야.
　　③ 내 옷은 대부분 언니가 입었던 거야.

04 ① 그가 누구보다도 제일 힘들어요.
　　② 그가 누구보다도 당신을 사랑해요.
　　③ 그가 누구보다도 클래식 음악을 좋아해요.

UNIT 11　　　　　　　　　　146쪽

01 ① 나도 외국으로 유학 갈 수 있다면 얼마나 좋을까!
　　② 나도 이런 남편이 있다면 얼마나 좋을까!
　　③ 매일 이렇다면 얼마나 좋을까!

02 ① 내가 어떻게 차를 고칠 수 있겠어?
　　② 내가 그가 누군지 어떻게 알 수 있겠어?
　　③ 내가 어떻게 그렇게 많은 돈이 있을 수 있겠어?

03 ① 호랑이를 고양이처럼 그렸어.
　　② 쟈오쯔를 만터우처럼 만들었어.
　　③ 쓰레기를 산처럼 쌓아 놓았어.

04 ① 그건 네가 하기에 달렸어.
　　② 그건 네가 누구를 선택하느냐에 달렸어.
　　③ 그건 내일 날씨에 달렸어.

UNIT 12　　　　　　　　　　158쪽

01 ① 네 태도를 보아하니 못마땅한가 봐?
　　② 네 목소리를 들으니 기분이 안 좋은가 봐?
　　③ 네 눈빛을 보아하니 실망했나 봐?

02 ① 그럼 아쉬운 대로 쓸게.
　　② 그럼 아쉬운 대로 먹을게.
　　③ 그럼 아쉬운 대로 살게

03 ① 전자책보다는 난 종이책이 좋아.
　　② 텔레비전보다는 난 영화가 좋아.
　　③ 서양 음식보다는 난 중국 음식이 좋아.

04 ① 거의 다 먹었어.
　　② 거의 다 썼어.
　　③ 거의 다 놀았어.

UNIT 13   170쪽

01 ① 주말이 되면 나는 낚시하러 가.
② 봄이 되면 코가 건조해서 힘들어.
③ 어머니날이 되면 나는 어머니가 너무 보고 싶어.

02 ① 안타까운 건 이젠 이런 모델을 찾기 힘들다는 거야!
② 안타까운 건 이젠 원판을 사기 힘들다는 거야!
③ 안타까운 건 이젠 어울리는 사람을 만나기 어렵다는 거야!

03 ① 일부 학자들은 맹자의 어머니가 맹자를 낳은 날을 어머니날로 정하자고 주장했어.
② 일본은 2010년을 전 국민 독서의 해로 정했어.
③ 둥샤오핑은 선전을 특구로 정했어.

04 ① 비행기에서는 휴대 전화를 사용할 수 없어.
② 사무실 안에서는 담배를 피울 수 없어.
③ 교실에서는 잡담하면 안 돼.

UNIT 14   182쪽

01 ① 내가 만든 요리를 먹어 볼 생각 있어요?
② 비키니를 입을 생각 있어요?
③ 롤러코스터를 탈 생각 있어요?

02 ① 기회가 생기는 대로 고향의 맛을 맛보게 해 줄게요.
② 기회가 생기는 대로 중국의 아름다움을 느끼게 해 줄게요.
③ 기회가 생기는 대로 월드컵 축구 경기를 보게 해 줄게요.

03 ① 그녀는 약을 잘못 먹었어요.
② 그녀는 자신의 전화번호를 잘못 썼어요.
③ 그녀는 상대방의 이름을 잘못 기억했어요.

04 ① 컴퓨터가 자주 고장 나면 넌 짜증 나지 않겠어?
② 매일 밤 악몽을 꾸면 넌 짜증 나지 않겠어?
③ 그가 한 말에 책임을 지지 않는다면 넌 짜증 나지 않겠어?

UNIT 15   196쪽

01 ① 아직 해결하지 못한 게 하나 있어.
② 까먹을 뻔한 일이 하나 있어.
③ 너한테 말하지 않으면 안 될 일이 하나 있어.

02 ① 그때 너는 출근하잖아?
② 그때 내가 너한테 말하지 않았니?
③ 그때 그는 귀국하잖아?

03 ① 먹고 싶은 것은 아주 많아!
② 유학 가기 싫은 이유는 아주 많아!
③ 휴대 전화의 기능은 아주 많아!

04 ① 맑은 날씨에 집에만 있고 뭐 해?
② 한겨울에 그렇게 입어서 뭐 해?
③ 한밤중에 안 자고 뭐 해?

단어 색인

A

安全 ānquán	193(15과)
敖包 áobāo	156(12과)
熬夜 áoyè	191(15과)

B

拜年 bàinián	191(15과)
搬家 bānjiā	87(7과)
帮忙 bāngmáng	53(4과)
剥 bāo	115(9과)
保守 bǎoshǒu	100(8과)
保证 bǎozhèng	180(4과)
报刊亭 bàokāntíng	75(6과)
报名 bàomíng	27(2과)
蹦 bèng	156(12과)
比不上 bǐ bu shàng	17(1과)
必修课 bìxiūkè	29(2과)
鞭炮 biānpào	193(15과)
伯父 bófù	113(9과)
伯母 bómǔ	113(9과)
不好意思 bù hǎoyìsi	29(2과)
不然 bùrán	65(5과)
不许 bùxǔ	167(13과)
不远送了 bù yuǎn sòng le	129(10과)

C

猜 cāi	165(13과)
采访 cǎifǎng	177(14과)
参谋 cānmóu	100(8과)
惨 cǎn	63(5과)
茶具 chájù	102(8과)
拆 chāi	75(6과)
长途 chángtú	63(5과)
超过 chāoguò	27(2과)
超市 chāoshì	88(7과)
炒 chǎo	139(11과)
扯 chě	154(12과)
称呼 chēnghu	113(9과)
吃力 chīlì	29(2과)
充值卡 chōngzhíkǎ	75(6과)
重阳节 Chóngyáng Jié	165(13과)
冲 chòng	41(3과)
出发 chūfā	177(14과)
出远门儿 chū yuǎnménr	39(3과)
厨房 chúfáng	87(7과)
除了 chúle	27(2과)
除夕 chúxī	191(15과)
传说 chuánshuō	167(13과)
传统 chuántǒng	165(13과)
吹牛 chuīniú	177(14과)
春联儿 chūnliánr	189(15과)
刺激 cìjī	180(4과)
葱 cōng	141(11과)
从来 cónglái	139(11과)
从小 cóngxiǎo	127(10과)
凑合 còuhe	154(12과)
粗 cū	141(11과)
醋 cù	141(11과)

脆 cuì	141(11과)

D

答应 dāying	113(9과)
打车 dǎchē	65(5과)
打麻将 dǎ májiàng	191(15과)
打扰 dǎrǎo	15(1과)
打算 dǎsuan	15(1과)
大吃一惊 dàchī yìjīng	17(1과)
大师傅 dàshīfu	143(11과)
待会儿 dāi huìr	115(9과)
带劲儿 dàijìnr	154(12과)
单位 dānwèi	125(10과)
耽误 dānwù	129(10과)
倒车 dǎochē	65(5과)
倒 dào	113(9과)
倒 dào	115(9과)
倒 dào	189(15과)
到底 dàodǐ	167(13과)
得 děi	15(1과)
灯笼 dēnglong	189(15과)
登山 dēngshān	167(13과)
等不及 děngbují	53(4과)
瞪 dèng	141(11과)
滴 dī	141(11과)
底 dǐ	189(15과)
点火 diǎnhuǒ	141(11과)
电视台 diànshìtái	177(14과)
电子邮件 diànzǐ yóujiàn	88(7과)

调 diào	156(12과)
定 dìng	53(4과)
逗 dòu	111(9과)
堵车 dǔchē	63(5과)
短信 duǎnxìn	77(6과)
对手 duìshǒu	177(14과)
躲 duǒ	39(3과)

F

发财 fācái	127(10과)
发票 fāpiào	100(8과)
发烧友 fāshāoyǒu	177(14과)
烦 fán	180(4과)
反正 fǎnzheng	154(12과)
饭后百步走，能活九十九 fàn hòu bǎi bù zǒu, néng huó jiǔshíjiǔ	41(3과)
放 fàng	154(12과)
方面 fāngmiàn	27(2과)
房东 fángdōng	90(7과)
房租 fángzū	87(7과)
非……不可 fēi……bùkě	65(5과)
非诚勿扰 Fēichéngwùrǎo	180(4과)
费劲 fèijìn	77(6과)
丰收 fēngshōu	165(13과)
风味小吃 fēngwèi xiǎochī	191(15과)
枫叶 fēngyè	165(13과)
风筝 fēngzheng	165(13과)
服装 fúzhuāng	100(8과)
辅导 fǔdǎo	51(4과)

단어 색인

G

该 gāi		51(4과)
改期 gǎiqī		76(6과)
概况 gàikuàng		27(2과)
感兴趣 gǎn xìngqù		15(1과)
感觉 gǎnjué		90(7과)
赶快 gǎnkuài		53(4과)
刚 gāng		15(1과)
糕 gāo		165(13과)
高才生 gāocáishēng		53(4과)
各有利弊 gè yǒu lìbì		51(4과)
跟上 gēnshang		51(4과)
公历 gōnglì		165(13과)
恭喜 gōngxǐ		191(15과)
够 gòu		53(4과)
挂 guà		75(6과)
怪 guài		113(9과)
怪不得 guàibude		39(3과)
关机 guānjī		77(6과)
光 guāng		115(9과)
逛 guàng		191(15과)
锅 guō		141(11과)
过意不去 guò yì bú qù		129(10과)

H

含义 hányì		189(15과)
行家 hángjia		88(7과)
合租 hézū		87(7과)
和……一样 hé……yíyàng		17(1과)
和善 héshàn		90(7과)
哼 hēng		154(12과)
吼 hǒu		154(12과)
胡同 hútòng		75(6과)
糊涂 hútu		63(5과)
互相 hùxiāng		51(4과)
回电话 huí diànhuà		76(6과)
获奖 huòjiǎng		180(4과)

J

吉利 jílì		189(15과)
急于求成 jí yú qiú chéng		29(2과)
记得 jìde		29(2과)
记者 jìzhě		177(14과)
家常便饭 jiācháng biànfàn		115(9과)
加油站 jiāyóuzhàn		193(15과)
减价 jiǎnjià		100(8과)
见多识广 jiàn duō shí guǎng		177(14과)
建议 jiànyì		51(4과)
讲座 jiǎngzuò		27(2과)
降 jiàng		156(12과)
交 jiāo		17(1과)
交款 jiāo kuǎn		100(8과)
郊区 jiāoqū		63(5과)
郊外 jiāowài		167(13과)
较量 jiàoliàng		177(14과)
教学楼 jiàoxuélóu		27(2과)
接受 jiēshòu		177(14과)
节目 jiémù		177(14과)

进修 jìnxiū	15(1과)	辣 là	127(10과)
禁止 jìnzhǐ	193(15과)	辣椒 làjiāo	127(10과)
经验 jīngyàn	143(11과)	来历 láilì	191(15과)
景德镇 Jǐngdézhèn	102(8과)	劳驾 láojià	75(6과)
就算 jiùsuàn	65(5과)	老两口儿 lǎoliǎngkǒur	129(10과)
菊花 júhuā	165(13과)	历法 lìfǎ	165(13과)
桔子 júzi	115(9과)	历史系 lìshǐxì	15(1과)
举行 jǔxíng	191(15과)	利用 lìyòng	167(13과)
		联系 liánxì	77(6과)
		聊天儿 liáotiānr	39(3과)
		留步 liúbù	129(10과)

K

开票 kāipiào	100(8과)	流行歌曲 liúxíng gēqǔ	154(12과)
砍价 kǎnjià	102(8과)	漏 lòu	90(7과)
看花眼 kàn huāyǎn	63(5과)	露面 lòumiàn	180(4과)
烤 kǎo	165(13과)	萝卜 luóbo	156(12과)
可惜 kěxī	63(5과)		
课表 kèbiǎo	27(2과)		
课间 kèjiān	41(3과)	## M	
客厅 kètīng	87(7과)	嘛 ma	41(3과)
恐怕 kǒngpà	15(1과)	瞒 mán	39(3과)
空儿 kòngr	41(3과)	满意 mǎnyì	53(4과)
口福 kǒufú	90(7과)	慢走 mànzǒu	129(10과)
口气 kǒuqì	154(12과)	冒 mào	141(11과)
口味 kǒuwèi	143(11과)	没想到 méi xiǎngdào	17(1과)
口音 kǒuyīn	41(3과)	门 mén	27(2과)
快餐店 kuàicāndiàn	75(6과)	蒙古族 Měnggǔzú	156(12과)
宽敞 kuānchang	115(9과)	迷 mí	125(10과)
矿泉水 kuàngquánshuǐ	165(13과)	迷路 mílù	65(5과)
		庙会 miàohuì	191(15과)
		民歌 míngē	154(12과)

L

단어 색인

民族 mínzú　　154(12과)

N

拿……开心 ná……kāixīn　　17(1과)
拿手 náshǒu　　127(10과)
农历 nónglì　　165(13과)
暖气 nuǎnqì　　88(7과)

P

牌子 páizi　　75(6과)
旁听 pángtīng　　27(2과)
胖子 pàngzi　　29(2과)
陪 péi　　115(9과)
聘 pìn　　143(11과)
凭 píng　　100(8과)
平时 píngshí　　129(10과)

Q

启事 qǐshì　　88(7과)
起点 qǐdiǎn　　63(5과)
千万 qiānwàn　　115(9과)
强 qiáng　　39(3과)
乔迁之喜 qiáoqiān zhī xǐ　　87(7과)
切 qiē　　141(11과)
亲戚 qīnqi　　191(15과)
青椒 qīngjiāo　　139(11과)
请教 qǐngjiào　　125(10과)
请客 qǐngkè　　87(7과)

秋高气爽 qiūgāo qìshuǎng　　165(13과)
求之不得 qiú zhī bù dé　　180(4과)
缺 quē　　141(11과)

R

热闹 rènao　　129(10과)
人数 rénshù　　27(2과)
扔 rēng　　177(14과)
日常 rìcháng　　53(4과)
入席 rùxí　　125(10과)
入系 rù xì　　15(1과)
软件 ruǎnjiàn　　77(6과)

S

嗓子 sǎngzi　　154(12과)
商量 shāngliang　　111(9과)
赏 shǎng　　165(13과)
上班 shàngbān　　125(10과)
上市 shàngshì　　100(8과)
少数民族 shǎoshù mínzú　　154(12과)
设计 shèjì　　100(8과)
身材 shēncái　　100(8과)
省得 shěngde　　77(6과)
诗 shī　　165(13과)
时髦 shímáo　　100(8과)
实在 shízài　　63(5과)
似的 shìde　　141(11과)
视频 shìpín　　154(12과)
适合 shìhé　　27(2과)

适应 shìyìng	39(3과)
收款台 shōukuǎntái	100(8과)
熟 shóu	143(11과)
首 shǒu	154(12과)
手艺 shǒuyì	115(9과)
瘦 shòu	39(3과)
竖 shù	156(12과)
树叶 shùyè	141(11과)
刷卡 shuākǎ	63(5과)
耍龙灯 shuǎ lóngdēng	191(15과)
水龙头 shuǐlóngtóu	90(7과)
顺 shùn	75(6과)
顺便 shùnbiàn	27(2과)
顺路 shùnlù	65(5과)
说不定 shuōbudìng	63(5과)
丝 sī	139(11과)
寺庙 sìmiào	191(15과)
俗话 súhuà	41(3과)
素炒土豆丝 sùchǎo-tǔdòu-sī	127(10과)
随 suí	180(4과)
随便 suíbiàn	115(9과)

T

贪 tān	113(9과)
趟 tàng	41(3과)
套 tào	102(8과)
体重 tǐzhòng	39(3과)
调料 tiáoliào	139(11과)
挺……的 tǐng……de	17(1과)

通 tōng	63(5과)
同屋 tóngwū	15(1과)
土豆 tǔdòu	139(11과)
兔 tù	156(12과)
团圆 tuányuán	191(15과)
退换 tuìhuàn	100(8과)

W

外套 wàitào	100(8과)
万一 wànyī	63(5과)
网 wǎng	27(2과)
微信 Wēixìn	77(6과)
卫生间 wèishēngjiān	87(7과)
味道 wèidao	127(10과)
温柔 wēnróu	154(12과)
我的天啊 wǒ de tiān a	65(5과)
卧室 wòshì	87(7과)
捂 wǔ	154(12과)
舞狮子 wǔ shīzi	191(15과)
舞蹈 wǔdǎo	180(4과)
舞厅 wǔtīng	180(4과)
午休 wǔxiū	39(3과)

X

稀里糊涂 xīlihútú	180(4과)
细 xì	141(11과)
下载 xiàzài	77(6과)
咸 xián	143(11과)
线路 xiànlù	63(5과)

단어 색인

羡慕 xiànmù	88(7과)	一模一样 yìmú yíyàng	102(8과)
限制 xiànzhì	27(2과)	影响 yǐngxiǎng	193(15과)
相当 xiāngdāng	127(10과)	用不着 yòng bu zháo	53(4과)
相交 xiāngjiāo	191(15과)	用具 yòngjù	139(11과)
项 xiàng	167(13과)	优惠 yōuhuì	100(8과)
消息 xiāoxi	51(4과)	幽默 yōumò	156(12과)
消灾免祸 xiāozāi miǎnhuò	167(13과)	U盘 yōupán	154(12과)
小组 xiǎozǔ	76(6과)	游戏 yóuxì	88(7과)
谐音 xiéyīn	189(15과)	有余 yǒuyú	189(15과)
心意 xīnyì	115(9과)	娱乐 yúlè	39(3과)
新潮 xīncháo	100(8과)	鱼香肉丝 yúxiāng-ròusī	127(10과)
信息 xìnxī	88(7과)	遇上 yùshang	41(3과)
袖子 xiùzi	100(8과)	预示 yùshì	189(15과)
选课 xuǎnkè	27(2과)	远在天边，近在眼前 yuǎn zài tiānbiān, jìn zài yǎnqián	53(4과)
选修课 xuǎnxiūkè	27(2과)	原来 yuánlái	39(3과)
		原来 yuánlái	177(14과)
		约会 yuēhuì	180(4과)

Y

压岁钱 yāsuìqián	191(15과)
烟 yān	141(11과)
盐 yán	141(11과)
眼花缭乱 yǎnhuā liáoluàn	191(15과)
眼前 yǎnqián	53(4과)
痒痒 yǎngyang	111(9과)
样式 yàngshì	100(8과)
要命 yàomìng	51(4과)
依然 yīrán	154(12과)
一辈子 yíbèizi	154(12과)
遗憾 yíhàn	165(13과)
一口吃成胖子 yìkǒu chī chéng pàngzi	29(2과)

Z

藏族 Zàngzú	156(12과)
糟 zāo	129(10과)
占线 zhànxiàn	76(6과)
站牌 zhànpái	63(5과)
着火 zháohuǒ	167(13과)
针对性 zhēnduìxìng	51(4과)
震 zhèn	154(12과)
征服 zhēngfú	177(14과)
征婚 zhēnghūn	180(4과)
直达 zhídá	63(5과)

只好 zhǐhǎo	63(5과)
指 zhǐ	75(6과)
质量 zhìliàng	100(8과)
终点 zhōngdiǎn	63(5과)
中国通 Zhōngguótōng	17(1과)
种类 zhǒnglèi	100(8과)
周到 zhōudào	167(13과)
周围 zhōuwéi	88(7과)
专门 zhuānmén	167(13과)
专线 zhuānxiàn	63(5과)
专业队 zhuānyèduì	177(14과)
转告 zhuǎngào	76(6과)
庄稼 zhuāngjia	165(13과)
准 zhǔn	191(15과)
资格 zīgé	53(4과)
子时 zǐshí	191(15과)
自在 zìzài	88(7과)
租 zū	87(7과)
组织 zǔzhī	165(13과)
钻 zuān	41(3과)
做客 zuòkè	115(9과)

중국어뱅크

신 한어구어 5 워크북

刘德联·刘晓雨 편저

전면개정
HANYU KOUYU

세계인이 함께 배우는 중국어의 표준

본책 + 워크북 + 본문음성 MP3

동양북스

중국어뱅크
北京大学
신한어구어 5
워크북

UNIT 01 来，认识一下儿。

1 녹음을 듣고 질문에 알맞은 답을 고르시오.

① A 找朋友　　B 工作　　　　　C 回家　　　　D 去美国

② A 他们不认识　B 他们好久没见面　C 两人是兄妹　D 女的不喜欢男的

③ A 汉语　　　B 韩语　　　　　C 历史　　　　D 经济

2 빈칸에 알맞은 답을 고르시오.

> 玛丽：我叫玛丽，是他的朋友，刚从美国来。
> 田中：进来坐会儿吧，他马上就回来。
> 玛丽：打扰了。
> 田中：请坐。我姓田中，日本人，是大卫的同屋。
> 　　　我是前年九月来这①_____大学的，现在是②_____二年级的学生。
> 玛丽：我也打算在历史系进修。我对中国历史很感兴趣。
> 田中：那咱们以后就是同学了。
> 玛丽：我的汉语还③_____，今年恐怕入不了系，以后还得请你多多帮助。
> 田中：好说，好说。

① A 座　　　　B 栋　　　　　C 所　　　　　D 家

② A 历史系　　B 中文系　　　C 哲学系　　　D 法律系

③ A 好　　　　B 不行　　　　C 不错　　　　D 可以

연습 문제

3 주어진 단어를 알맞은 순서로 배열하시오.

① 开心　　别　　了　　我　　拿

_____

② 的　　我们　　认识　　是　　刚

_____

③ 系　　不了　　恐怕　　入

　今年

_____

4 보기를 참고하여 다음 질문에 대한 답변을 작성하시오.

보기	打算　　　　先……然后……　　　　对……感兴趣
	恐怕　　　　上不了

A 你有什么学习方面的打算?

B _____

_____

_____

_____

_____

_____

UNIT 01 来，认识一下儿。

이 과의 주요 단어를 따라 써 봅시다.

획순		
打扰 dǎrǎo 폐를 끼치다	打打打打打 打	扰扰扰扰扰扰扰 扰
	dǎrǎo	

획순		
同屋 tóngwū 룸메이트	同同同同同同 同	屋屋屋屋屋屋屋屋屋 屋
	tóngwū	

획순		
进修 jìnxiū 연수하다	进进进进进进进 进	修修修修修修修修修 修
	jìnxiū	

획순			
感兴趣 gǎn xìngqù 흥미를 느끼다	感感感感感感感感感感感感 趣趣趣趣趣趣趣趣趣趣趣趣趣趣趣 感	兴兴兴兴兴兴 兴	趣
	gǎn xìngqù		

쓰기 노트

이 과의 주요 표현을 따라 써 봅시다.

1 那咱们以后就是同学了。

그럼 우린 앞으로 학우가 되겠네요.

2 以后还得请你多多帮助。

앞으로 많이 도와주세요.

3 认识一下儿，这是我大学时的朋友玛丽。

인사해, 이쪽은 내 대학 친구 메리야.

4 我这个人是挺爱交朋友的。

나는 친구 사귀는 걸 아주 좋아해.

5 别拿我开心了！

나 놀리지 마!

UNIT 02 我原来想选五门课呢！

🎧 MP3 W02-1

1 녹음을 듣고 질문에 알맞은 답을 고르시오.

① A 教授办公室　　　　　　B 教学楼的一层
　 C 办公楼一层　　　　　　D 教学楼的二层

② A 网上选课有问题　　　　B 网上选课不需要汉语能力
　 C 一些留学生的汉语水平不太好　D 所有留学生的汉语水平都还不高

③ A 女的每周上二十节课　　B 男的觉得女的上课很少
　 C 女的选了两门必修课　　D 女的想旁听两门课

2 빈칸에 알맞은 답을 고르시오.

> 玛丽：请问，现在可以选课吗？
> 王老师：今天①_____，明天中午在教学楼的一层选课。
> 玛丽：我是汉语九班的学生，可以选什么课？
> 王老师：你先看一下外面的课表，上面都有介绍，②_____再来选课。
> 玛丽：我可以选几③_____课啊？
> 王老师：④_____汉语课和口语课，选修课不能超过两门。

① A 不要　　B 不行　　C 不应该　　D 可以

② A 就是　　B 如果　　C 可是　　　D 然后

③ A 所　　　B 个　　　C 门　　　　D 首

④ A 除了　　B 关于　　C 通过　　　D 按照

연습 문제

3 주어진 단어를 알맞은 순서로 배열하시오.

① 有　　吗　　人　　坐　　这儿

_____

② 多少　　每　　上　　课　　周　　节

_____

③ 胖子　　谁　　啊　　吃　　想　　成

_____

4 보기를 참고하여 다음 질문에 대한 답변을 작성하시오.

보기	选课　　除了……还……　　必修课　　口语课
	人数　　超过　　　　　　旁听　　　课程表

A 这学期你选了几门课?

B _____

_____

_____

_____

_____

UNIT 02 我原来想选五门课呢！

이 과의 주요 단어를 따라 써 봅시다.

획순	课课课课课课课课课　表表表表表表表表
课表 kèbiǎo 수업 시간표	课　表 kèbiǎo

획순	适适适适适适适适　合合合合合合
适合 shìhé 적합하다, 알맞다	适　合 shìhé

획순	报报报报报报报　名名名名名名
报名 bàomíng 등록하다, 신청하다	报　名 bàomíng

획순	吃吃吃吃吃吃　力力
吃力 chīlì 힘들다, 힘겹다	吃　力 chīlì

쓰기 노트

MP3 W02-2

이 과의 주요 표현을 따라 써 봅시다.

1 我可以选几门课啊?

저는 몇 과목을 신청할 수 있나요?

2 有没有中国历史方面的课?

중국 역사 관련 과목이 있나요?

3 除了必修课，我选了两门课。

필수 과목 제외하고 두 과목 신청했어.

4 这还多啊？我原来想选五门课呢！

이게 많아? 나는 원래 다섯 과목을 신청하려고 했어!

5 老师还对我说不要"急于求成"。

선생님께서 나한테 '조급히 이루려 하지 마라'라고 하셨어.

UNIT 03 慢慢就习惯了。

MP3 W03-1

1 녹음을 듣고 질문에 알맞은 답을 고르시오.

① A 刚来中国　　　　　　　　B 最近要减肥
　C 刚来的时候不太适应　　　　D 比女的强

② A 睡午觉　　B 打扫宿舍　　C 买东西　　D 吃饭

③ A 女的想家　　　　　　　　B 女的胖了
　C 女的来中国很久了　　　　　D 女的还没有完全适应中国生活

2 빈칸에 알맞은 답을 고르시오.

大卫：晚上娱乐活动少，又没有朋友在一起聊天儿，电视也看不懂，除了学习①_____睡觉。

玛丽：你怎么知道得那么清楚？

大卫：我刚来的时候，跟你一样。那时候，我的体重一下子减了三②_____。

玛丽：这么说我比你还强点儿？

大卫：你比我强多了。很多人刚来的时候都不太适应，慢慢就习惯了。

玛丽：还有，很多中国人有③_____的习惯，有时候我想找朋友或者去办公室，都找不着人，真觉得不方便。

① A 还有　　　B 就是　　　C 还是　　　D 以外

② A 毫米　　　B 毫克　　　C 厘米　　　D 公斤

③ A 饮茶　　　B 睡懒觉　　C 午休　　　D 早起

연습 문제

3 주어진 단어를 알맞은 순서로 배열하시오.

① 售货员　　挺……的　　说话　　商场　　快

　有的 _____

② 人群　　钻　　里　　在　　钻　　……来……去

_____

③ 知道　　你　　这句　　就　　说　　会

　我 _____

4 보기를 참고하여 다음 질문에 대한 답변을 작성하시오.

보기	不瞒你说　　适应　　生活习惯　　提供

A　你们国家的人有哪些生活习惯和中国人不一样?

B _____

_____

_____

_____

_____

_____

UNIT 03 慢慢就习惯了。

이 과의 주요 단어를 따라 써 봅시다.

획순	瘦瘦瘦瘦瘦瘦瘦瘦瘦瘦瘦瘦瘦		
瘦 shòu 마르다, 여위다	瘦 shòu	瘦 shòu	

획순	适适适适适适适适适 应应应应应应应		
适应 shìyìng 적응하다	适 shìhé	应	

획순	怪怪怪怪怪怪怪怪 不不不不 得得得得得得得得得		
怪不得 guàibude 과연, 어쩐지	怪 guàibude	不	得

획순	俗俗俗俗俗俗俗俗俗 话话话话话话话话		
俗话 súhuà 속담	俗 súhuà	话	

쓰기 노트

MP3 W03-2

이 과의 주요 표현을 따라 써 봅시다.

1 我刚来中国，很多地方还不大习惯。

중국에 온 지 얼마 되지 않아서 낯선 부분이 좀 많아.

2 你比我强多了。

네가 나보다 훨씬 낫지.

3 我来中国时间长了，有时中午也睡一会儿。

나는 중국에 온 지 오래되어서 가끔 낮잠도 자.

4 你不用怕，慢慢就习惯了。

겁먹지 마, 천천히 익숙해질 거야.

5 我就知道你会说这句。

네가 그말 할 줄 알았어.

UNIT 04 你能不能帮我找一个辅导老师？

MP3 W04-1

1 녹음을 듣고 질문에 알맞은 답을 고르시오.

① A 跟不上课　　　　　　B 老师讲的都听不懂
　C 很多词语还不会用　　　D 快要开学了

② A 性急　　B 稳重　　C 耐心　　D 积极

③ A 找辅导老师　　　B 找专家
　C 找修理工　　　　D 找男朋友

2 빈칸에 알맞은 답을 고르시오.

> 大卫：你想找什么样的呢？老师①_____大学生？
> 玛丽：我也说不好，你给我②_____个主意吧。
> 大卫：找老师和找大学生各有利弊：老师对你在课堂上学的内容比较了解，辅导的时候更有针对性，不过辅导费高一些；如果你只想复习上课学过的内容或是做一些练习，找个大学生或者研究生就行了，这样收费也不高，③_____，有些中国学生喜欢和外国学生互相辅导，双方都不用付费。
> 玛丽：听你这么一说，我真不知道该怎么办了。

① A 以外　　B 和　　　C 还有　　D 还是

② A 出　　　B 看　　　C 讲　　　D 谈

③ A 然而　　B 另外　　C 可是　　D 因为

연습 문제

3 주어진 단어를 알맞은 순서로 배열하시오.

① 能不能　我　老师　找　辅导　你　帮　一个

_____

② 得　看　你　把　急

_____

③ 告诉你　消息　一……就……　来　有　我

_____

_____

4 보기를 참고하여 다음 질문에 대한 답변을 작성하시오.

보기	利弊　　　用不着　　　学费
	互相　　　帮助　　　　练习

A　你想学什么？对辅导老师有什么要求？

B　_____

_____

_____

_____

_____

UNIT 04 你能不能帮我找一个辅导老师？

이 과의 주요 단어를 따라 써 봅시다.

획순	
要命 yàomìng 엄청, 아주, 몹시	要要要要要要要要要　命命命命命命命命 要　命 yàomìng

획순	
消息 xiāoxi 소식, 정보, 뉴스	消消消消消消消消消　息息息息息息息息息息 消　息 xiāoxi

획순	
满意 mǎnyì 만족하다, 만족스럽다	满满满满满满满满满满满满满　意意意意意意意意意意意意意 满　意 mǎnyì

획순	
用不着 yòng bu zháo 필요치 않다	用用用用用　不不不不　着着着着着着着着着着着 用　不　着 yòng bu zháo

쓰기 노트

이 과의 주요 표현을 따라 써 봅시다.

1 我也说不好，你给我出个主意吧。

나도 잘 모르겠어, 네가 의견을 좀 내 줘.

2 找老师和找大学生各有利弊。

선생님으로 구하는 것과 대학생으로 구하는 것 모두 장단점이 있어.

3 听你这么一说，我真不知道该怎么办了。

네가 그렇게 말하는 것을 들으니 어떻게 해야 할지 정말 모르겠다.

4 我建议你先找个研究生，互相辅导吧。

내가 보기엔 먼저 대학원생을 구해서 서로 과외를 하는 게 좋을 것 같아.

5 那就这么定了！

그럼 결정한 거다!

UNIT 05 你出门喜欢坐什么车啊？

MP3 W05-1

1 녹음을 듣고 질문에 알맞은 답을 고르시오.

① A 出租汽车　　B 地铁　　　　C 火车　　　　D 公共汽车

② A 不用倒车　　B 一次　　　　C 二次　　　　D 三次

③ A 男的不喜欢坐地铁　　　　　B 地铁很贵
　 C 他们学校不通地铁　　　　　D 坐地铁不方便

2 빈칸에 알맞은 답을 고르시오.

> 玛丽：就是因为车太多了，我才不敢坐。①_____我想去动物园，我哪儿知道该坐什么车啊？
> 王峰：你查地图啊，地图上有汽车线路图。
> 玛丽：别提了，线路图我②_____看_____糊涂，找到起点，找不到终点，更不知道在哪儿换车。
> 王峰：说实在的，现在新开的线路多，有的我也不那么清楚。不行你就多问问别人吧。
> 玛丽：你刚才说有一种"③_____"，坐这种车怎么买票？
> 王峰：坐无人售票车，你要刷公交卡，或者准备好零钱，上车把钱放到钱箱里就行了。

① A 比如　　　　B 特别　　　　C 甚至　　　　D 尤其

② A 边……边……　　　　　　　B 越……越……
　 C 又……又……　　　　　　　D 要么……要么……

③ A 专线车　　B 空调车　　　　C 无人售票车　　D 双层车

연습 문제

3 주어진 단어를 알맞은 순서로 배열하시오.

① 说　　公共汽车　　来　　吧　　拿

_____

② 我　　去　　迷路　　一个人　　非……不可

要是 _____

③ 半个　　骑车　　用　　去　　不了　　小时

_____

4 보기를 참고하여 다음 질문에 대한 답변을 작성하시오.

보기	说实在的　　　当时　　　别提了
	非……不可　　看花眼

A　你有哪些难忘的乘车经历?

B _____

_____

_____

_____

_____

_____

UNIT 05 你出门喜欢坐什么车啊？

이 과의 주요 단어를 따라 써 봅시다.

획순	线线线线线线线线 路路路路路路路路路路
线路 xiànlù 노선	线 路 xiànlù

획순	终终终终终终终终 点点点点点点点点
终点 zhōngdiǎn 종점	终 点 zhōngdiǎn

획순	刷刷刷刷刷刷刷刷 卡卡卡卡卡
刷卡 shuākǎ 카드를 긁다, 카드를 찍다	刷 卡 shuākǎ

획순	可可可可可 惜惜惜惜惜惜惜惜惜惜
可惜 kěxī 아쉽다, 애석하다	可 惜 kěxī

쓰기 노트

이 과의 주요 표현을 따라 써 봅시다.

1 我到现在除了出租汽车，还没敢坐别的车呢。

지금까지 택시 말고는 아직 다른 차는 못 타겠어.

2 别提了，线路图我越看越糊涂。

말도 마. 노선도를 보면 점점 더 멍해져.

3 我最喜欢坐地铁，地铁不堵车，又快又便宜。

나는 지하철 타는 걸 가장 좋아해. 지하철은 막히지도 않고 빠르면서 저렴하잖아.

4 要是我一个人去，非迷路不可。

나 혼자 가면 분명 길을 잃어버릴 거야.

5 骑车去用不了半个小时。

자전거를 타고 가면 30분도 안 걸려.

UNIT 06 我想给朋友打个电话。

MP3 W06-1

1 녹음을 듣고 질문에 알맞은 답을 고르시오.

① A 问路　　　B 发言　　　C 感谢　　　D 问好

② A 周末　　　　　　　　B 上午十点以后
　C 下午三点以后　　　　D 什么时候都方便

③ A 超市　　　B 邮局　　　C 公司　　　D 报刊亭

2 빈칸에 알맞은 답을 고르시오.

李阳：请问，大卫在吗？
田中：他有事出去了，请问您是哪①_____？
李阳：我是李阳，大卫是我们学英语小组的辅导老师。我们有事找他，可他的手机一直占线。请问他什么时候回来？
田中：这可说不好。
李阳：②_____他回来了，请他给我回个电话，我的电话他知道。
田中：好的。不过……要是他回来太晚呢？
李阳：那……请你转告他，我们明天有个会，英语小组学习活动得改期，想跟他商量一下，看看改在③_____合适。

① A 名　　　B 位　　　C 个　　　D 口

② A 要是　　B 不管　　C 只有　　D 只是

③ A 哪儿　　B 什么　　C 谁　　　D 什么时候

연습 문제

3 주어진 단어를 알맞은 순서로 배열하시오.

① 记得　小卖部　个　那儿　有

我 _____

② 让　我　了　怎么　赶上　都

_____

③ 看　打　你　还是　我的手机　吧　用

我 _____

4 보기를 참고하여 다음 질문에 대한 답변을 작성하시오.

보기	联系	下载	软件	方便
	省得	费劲	转告	对方

A 你喜欢用什么方式联系朋友?

B _____

_____

_____

_____

_____

_____

UNIT 06 我想给朋友打个电话。

이 과의 주요 단어를 따라 써 봅시다.

획순	充充充充充充 值值值值值值值值值 卡卡卡卡卡
充值卡 chōngzhíkǎ 충전 카드	充 值 卡 chōngzhíkǎ

획순	胡胡胡胡胡胡胡胡胡 同同同同同同
胡同 hútòng 골목	胡 同 hútòng

획순	转转转转转转转 告告告告告告告
转告 zhuǎngào 전달하다	转 告 zhuǎngào

획순	联联联联联联联联联联联联 系系系系系系系
联系 liánxì 연락하다	联 系 liánxì

이 과의 주요 표현을 따라 써 봅시다.

1 我想给朋友打个电话，可是我的手机没钱了。

친구한테 전화를 걸려고 하는데, 제 휴대 전화에 돈이 다 떨어졌어요.

2 哎呀，我的手机没电了！

아이고, 제 휴대 전화 배터리가 나갔네요!

3 我们有急事找他，可他的手机一直占线。

저희가 급한 일이 있어서 그를 찾는데, 휴대 전화가 계속 통화 중이에요.

4 几次给你打电话，你要么不接，要么关机。

여러 번 전화했는데 안 받거나 전원이 꺼져 있어.

5 微信又能写又能说，比短信方便。

위챗은 쓸 수도 있고 말로 할 수도 있어서 문자 메시지보다 편해.

UNIT 07 我在校外租了房子。

🎵 W07-1

1 녹음을 듣고 질문에 알맞은 답을 고르시오.

① A 不想请客 B 让女的请客
  C 不愿意每次都请客 D 当然要请客

② A 房东是男生 B 今天房东的丈夫来收房租
  C 房东很善良 D 房东很年轻

③ A 男的住在宿舍 B 宿舍的房间很大
  C 男的的家离学校很远 D 男的不在校内住了

2 빈칸에 알맞은 답을 고르시오.

> 玛丽：房子①_____怎么样？
> 安娜：电视、洗衣机、冰箱、空调、暖气都有，而且可以上网。下课回去打作业、玩儿游戏、发电子邮件、看电影，可②_____啦！
> 玛丽：我真羡慕你！
> 安娜：周围有超市、饭馆儿，交通也方便。怎么样？你也搬出来住吧？
> 玛丽：我还是觉得住在③_____方便，上课、吃饭、去图书馆都近。再说，我的宿舍很少有人来，住在这里还行。

① A 大小 B 条件 C 价格 D 户型
② A 自在 B 麻烦 C 热闹 D 复杂
③ A 城市 B 农村 C 校内 D 校外

3 주어진 단어를 알맞은 순서로 배열하시오.

① 成　　现在　　行家　　已经　　快……了
　你 _____

② 吧　宿舍　强　多　住　了　比
_____

③ 水　　有点儿　　几天　　水龙头　　漏
　这 _____

4 보기를 참고하여 다음 질문에 대한 답변을 작성하시오.

보기	随时	合租	既……又……
	房租	周围	感觉

A　租房好还是买房好？

B _____
_____
_____
_____
_____

UNIT 07 我在校外租了房子。

이 과의 주요 단어를 따라 써 봅시다.

획순	搬搬搬搬搬搬搬搬搬搬搬　家家家家家家家家家家
搬家 bānjiā 이사하다	搬　家 bānjiā

획순	暖暖暖暖暖暖暖暖暖暖暖暖暖　气气气气
暖气 nuǎnqì 난방 장치, 라디에이터	暖　气 nuǎnqì

획순	行行行行行行　家家家家家家家家家家
行家 hángjia 전문가	行　家 hángjia

획순	房房房房房房房房　东东东东东
房东 fángdōng 집주인	房　东 fángdōng

쓰기 노트

MP3 W07-2

이 과의 주요 표현을 따라 써 봅시다.

1 我不在校内住了，在校外租了房子。

이제 학교에 안 살아. 학교 밖에 집을 구했어.

2 有两个卧室，还有客厅、厨房和卫生间。

침실 두 개에 거실, 주방, 화장실이 있어.

3 我是和别人合租的，房租一人一半儿。

나는 다른 사람이랑 같이 사는 거라 집세는 반씩 내.

4 房子条件怎么样？

집 시설은 어때?

5 不过这几天水龙头有点儿漏水。

그런데 요 며칠 수도꼭지에서 물이 좀 새요.

UNIT 08 你想买什么衣服？

🎧 W08-1

1 녹음을 듣고 질문에 알맞은 답을 고르시오.

① A 饭店　　　B 服装店　　　C 健身房　　　D 医院

② A 二百　　　B 一百二　　　C 八十　　　　D 四十

③ A 女的花500元　　　　　　B 商店门口写着"秋装大减价"
　　C 新上市的衣服不打折　　　D 夏装打六折

2 빈칸에 알맞은 답을 고르시오.

> 玛丽：哎，安娜，你帮我①_____。
> 安娜：我也看花眼了。哎，你看这件怎么样？
> 玛丽：哇！这件衣服太那个了吧？
> 安娜：这是新潮！你还那么保守啊！那，你再看看这件。
> 玛丽：这件还②_____。不知道大小是不是合适。
> 售货员：你可以试试，③_____在那边。

① A 介绍介绍　　B 参谋参谋　　C 商量商量　　D 指挥指挥

② A 说得过去　　B 说不过来　　C 说得上来　　D 说不上来

③ A 服务台　　　B 洗手间　　　C 收款台　　　D 试衣间

연습 문제

3 주어진 단어를 알맞은 순서로 배열하시오.

① 到   交款   3号   收款台

_____

② 一种   也   长袖子   时髦   是   现在   现在

_____

③ 好像   你   就是   设计   为   的   衣服   这件

_____

4 보기를 참고하여 다음 질문에 대한 답변을 작성하시오.

보기	样式	上市	优惠	看上
	时髦	售货员	夸	交款

A 你有印象很深的购物经验吗?

B _____

_____

_____

_____

_____

UNIT 08 你想买什么衣服?

이 과의 주요 단어를 따라 써 봅시다.

획순	种种种种种种种种　种种种种种种种种
种类 zhǒnglèi 종류	种 类　　　 zhǒnglèi

획순	时时时时时时时　髦髦髦髦髦髦髦髦髦髦髦髦髦
时髦 shímáo 유행이다	时 髦　　　 shímáo

획순	服服服服服服服服　装装装装装装装装装装装
服装 fúzhuāng 복장, 의상	服 装　　　 fúzhuāng

획순	退退退退退退退退　换换换换换换换换换
退换 tuìhuàn (구매한 물건을) 교환하다	退 换　　　 tuìhuàn

쓰기 노트

MP3 W08-2

이 과의 주요 표현을 따라 써 봅시다.

1 你们好，想买什么衣服？

안녕하세요, 어떤 옷을 사고 싶으세요?

2 这么多样式，我都不知道挑哪件好了。

디자인이 너무 다양해서 어떤 옷을 골라야 할지 모르겠네요.

3 请到3号收款台交款。

3번 계산대에 가서 계산하세요.

4 我最会砍价了。

나는 값을 깎는 걸 제일 잘해.

5 哎，朋友，这套茶具怎么卖？

여기요, 이 다기 세트는 어떻게 파나요?

UNIT 09 很高兴能到您家来做客。

🎧 W09-1

1 녹음을 듣고 질문에 알맞은 답을 고르시오.

① A 北京菜　　B 上海菜　　C 四川菜　　D 广东菜

② A 女的的家　B 男的的家　C 登机口　　D 公交车站

③ A 女的的家　B 玛丽家　　C 图书馆　　D 书店

2 빈칸에 알맞은 답을 고르시오.

> 王峰：是不是我家的地址不好找？
> 大卫：这倒不是，都①＿＿＿＿＿玛丽，她非要给你家买礼物②＿＿＿＿。我对她说我带了一瓶酒，算是我们俩的，她还不答应。
> 王峰：大卫，你总是不听我的，每次来都带酒。
> 大卫：你爸爸最喜欢喝这种酒，一会儿我跟你爸爸一块儿喝。
> 王峰：大卫，王峰的爸爸③＿＿＿＿吗？在美国的时候，我最怕和同学的爸爸谈话了。
> 大卫：我很喜欢跟王峰的爸爸聊天儿，他爸爸最喜欢说："小峰这孩子太贪玩儿，你们得多帮助他。"
> 王峰：别站在外边聊啊，快进去吧！

① A 夸　　　B 请　　　C 说　　　D 怪

② A 不可　　B 不好　　C 不能　　D 不要

③ A 胖　　　B 厉害　　C 能喝酒　　D 帅

연습 문제

3 주어진 단어를 알맞은 순서로 배열하시오.

① 什么　　不会　　除了　　吃　　可　　也

　 我 _____

② 多了　　都　　来　　坐　　不下　　客人

　 _____

③ 能　　您家　　到　　来　　做客　　高兴

　 我也很 _____

4 보기를 참고하여 다음 질문에 대한 답변을 작성하시오.

| 보기 | 心意　　意味着　　送礼　　吉利 |

A　在中国初次到别人家里去做客应该怎么做?

B　_____

_____

_____

_____

_____

UNIT 09

很高兴能到您家来做客。

이 과의 주요 단어를 따라 써 봅시다.

획순	商商商商商商商商商商商 量量量量量量量量量量量量
商量 shāngliang 상의하다, 의논하다	商 量 shāngliang

획순	称称称称称称称称称称 呼呼呼呼呼呼呼呼
称呼 chēnghu 부르다	称 呼 chēnghu

획순	宽宽宽宽宽宽宽宽宽宽 敞敞敞敞敞敞敞敞敞敞敞敞
宽敞 kuānchang 넓다, 널찍하다	宽 敞 kuānchang

획순	做做做做做做做做做做做 客客客客客客客客客
做客 zuòkè 손님이 되다, 방문하다	做 客 zuòkè

쓰기 노트

이 과의 주요 표현을 따라 써 봅시다.

1 这个周末我想请你跟玛丽一起去我家。

이번 주말에 너와 메리를 우리 집에 초대할까 해.

2 她非要给你家买礼物不可。

그녀가 선물을 꼭 사야 한다잖아.

3 这就是我常跟你们说起的玛丽。

이쪽이 바로 제가 자주 말씀드렸던 메리예요.

4 这是我的一点儿心意。

이건 제 작은 성의예요.

5 我也很高兴能到您家来做客。

저도 댁에 초대받아 정말 기뻐요.

UNIT 10 谢谢你们的热情招待。

🎧 W10-1

1 녹음을 듣고 질문에 알맞은 답을 고르시오.

① A 工作不怎么忙　　　　　　B 工作非常忙
　 C 工作单位离地铁站很远　　D 工作单位离家不远

② A 四川菜不辣　　　　　　　B 他们学校附近没有四川饭馆
　 C 女的喜欢吃咸的　　　　　D 男的常吃四川菜

③ A 自己做的菜　　　　　　　B 学校食堂的菜
　 C 四川饭馆的菜　　　　　　D 女的做的菜

2 빈칸에 알맞은 답을 고르시오.

> 王母：大卫真爱开玩笑。
> 玛丽：他就是这样的人，我们都①_____他没办法。
> 　　　其实啊，他比谁都馋，早就想住在您这儿了。
> 大卫：伯父，伯母，谢谢你们的热情招待。
> 玛丽：是啊，耽误你们这么长时间，真②_____。
> 王父：别这么说，你们能来我们也很高兴，平时可没这么热闹。
> 王母：欢迎你们常来。我们③_____都喜欢热闹。

① A 让　　　　　B 拿　　　　　C 使　　　　　D 得

② A 看不过来　　B 说得过去　　C 过意不去　　D 看得过去

③ A 同学　　　　B 姐妹　　　　C 小两口儿　　D 老两口儿

연습 문제

3 주어진 단어를 알맞은 순서로 배열하시오.

① 喜欢　　了　　就　　你们　　吃　　行　　只要

_____

② 有　　出来　　两下子　　你　　看　　还　　不　　真

_____

③ 送送　　吧　　客人　　替　　我们　　你

_____

4 보기를 참고하여 다음 질문에 대한 답변을 작성하시오.

보기	热情　　　招待　　　从小
	拿手　　　越……越……

A　你在中国人的家里做过客吗?

B _____

_____

_____

_____

_____

UNIT 10 谢谢你们的热情招待。

이 과의 주요 단어를 따라 써 봅시다.

획순	请请请请请请请请请　教教教教教教教教教教
请教 qǐngjiào 가르침을 청하다	请　教 qǐngjiào

획순	相相相相相相相相相　当当当当当当
相当 xiāngdāng 상당히, 무척, 꽤	相　当 xiāngdāng

획순	耽耽耽耽耽耽耽耽耽耽　误误误误误误误误误
耽误 dānwù 시간을 허비하다	耽　误 dānwù

획순	热热热热热热热热热热　闹闹闹闹闹闹闹闹
热闹 rènao 시끌벅적하다, 왁자지껄하다	热　闹 rènao

쓰기 노트

이 과의 주요 표현을 따라 써 봅시다.

1 伯父，您和伯母是做什么工作的？

아저씨, 아저씨와 아주머니는 무슨 일을 하시나요?

2 我妈做四川菜最拿手了。

우리 엄마는 쓰촨요리를 제일 잘하셔.

3 我也做不出什么好菜，随便吃点儿吧。

요리를 별로 잘하지는 못하지만 편하게 들어.

4 伯父，伯母，谢谢你们的热情招待。

아저씨, 아주머니, 환대에 감사드립니다.

5 别送了，请留步。

배웅하지 마세요. 들어가세요.

UNIT 11 你教我做这个菜吧!

🎧 W11-1

1 녹음을 듣고 질문에 알맞은 답을 고르시오.

① A 作业　　B 考试　　C 工作　　D 做菜

② A 酱油和醋　B 糖和盐　C 醋和盐　D 胡椒和醋

③ A 逛街　　B 学习汉语　C 去吃饭　D 学做菜

2 빈칸에 알맞은 답을 고르시오.

玛丽：王峰，你妈妈做的菜真好吃，要是我妈妈也会做这些菜该多好！
王峰：为什么要让妈妈做呢？你自己不会学着做吗？
玛丽：我①_____会做呀？我从来就没做过菜！
王峰：其实做菜没有什么难的，②_____学_____会。你看我，不是也会做几个菜吗？
玛丽：可是"说③_____容易，做③_____难"哪。对了，我想起来了，你那个"炒土豆"做得不错，我常吃土豆，可从来没吃过炒土豆。
王峰：那不是"炒土豆"，是素炒土豆丝。
玛丽：对不起，我忘了。哎，对了，你教我做这个菜吧！

① A 哪儿　　B 什么　　C 谁　　D 为什么

② A 一……就……　　　B 虽然……但是……
　 C 又……又……　　　D 首先……然后……

③ A 出去　　B 起来　　C 出来　　D 下去

연습 문제

3 주어진 단어를 알맞은 순서로 배열하시오.

① 得　青椒　似的　像　树叶　切

_____

② 做　旁边　我　在　看　注意　你

_____

③ 口味　看　就要　你的　了　那

_____

4 보기를 참고하여 다음 질문에 대한 답변을 작성하시오.

보기	先……然后……　　切　　熟　　点火
	锅　　　　　　　调料　　　口味

A 你知道怎么做"素炒土豆丝"吗?

B _____

_____

_____

_____

_____

UNIT 11 你教我做这个菜吧!

이 과의 주요 단어를 따라 써 봅시다.

획순	调调调调调调调调调 料料料料料料料料料
调料	调 料
tiáoliào	tiáoliào
조미료	

획순	缺缺缺缺缺缺缺缺缺缺
缺	缺 缺
quē	quē quē
모자라다	

획순	似似似似似似 的的的的的的的的
似的	似 的
shìde	shìde
비슷하다, 마치 ~과 같다	

획순	经经经经经经经经 验验验验验验验验
经验	经 验
jīngyàn	jīngyàn
경험	

쓰기 노트

MP3 W11-2

이 과의 주요 표현을 따라 써 봅시다.

1 我从来就没做过菜！

난 요리를 해 본 적이 없어!

2 哎，对了，你教我做这个菜吧！

아, 그래. 그 요리 만드는 것 좀 가르쳐 줘!

3 切成细丝，越细越好。

가늘게 채 썰어. 얇을수록 좋아.

4 炒一会儿以后，把青椒放进去一起炒。

조금 볶은 후에 피망을 넣고 같이 볶아.

5 那就要看你的口味了，喜欢吃咸的就多放点儿。

그건 네 입맛에 달렸어. 짭짤한 걸 좋아하면 좀 많이 넣어.

UNIT 12 我还是喜欢中国的民歌。

🎧 W12-1

1 녹음을 듣고 질문에 알맞은 답을 고르시오.

① A 中国民歌　　B 流行歌曲　　C 古典音乐　　D 北京儿歌

② A 男的唱得不好　　　　　　　B 男的不会唱歌
　 C 男的不会唱得那么难听　　　D 男的不喜欢唱歌

③ A 女的没听过《茉莉花》　　　　B 女的会唱《茉莉花》
　 C《敖包相会》是内蒙古的民歌　D 女的觉得《敖包相会》不好听

2 빈칸에 알맞은 답을 고르시오.

> 玛丽：哎，王峰，今天上课的时候，我们班口语老师教我们唱了一①_____中国的流行歌曲，叫……叫什么来着？反正是你们男生唱的歌。
>
> 王峰：很多歌男女都能唱。
>
> 玛丽：这歌可不适合我们女生唱。老师给我们放了这首歌的视频，里面那个男的②_____跳，_____扯着嗓子吼。
>
> 王峰：听你的③_____，你是不喜欢这首歌了？
>
> 玛丽：听听还可以，我可唱不了。不过我们班的男生唱得倒挺带劲儿，一唱起来震得我耳朵都疼。

① A 句　　　B 篇　　　C 首　　　D 部

② A 要么……要么……　　　　B 一边……一边……
　 C 一来……二来……　　　　D 不是……而是……

③ A 口气　　B 借口　　C 口音　　D 发音

연습 문제

3 주어진 단어를 알맞은 순서로 배열하시오.

① 不少　还　知道　嘛　的　你

_____

② 着　那　吧　我就　教　凑合

_____

③ 你　哪首　我　就　喜欢　哪首　教　喜欢

_____

4 보기를 참고하여 다음 질문에 대한 답변을 작성하시오.

| 보기 | 温柔　　　带劲儿　　　民歌 |
| | 嗓子　　　特别　　　　模仿 |

A 你最喜欢听什么歌?

B _____

_____

_____

_____

12 我还是喜欢中国的民歌。　47

UNIT 12 我还是喜欢中国的民歌。

이 과의 주요 단어를 따라 써 봅시다.

획순	嗓嗓嗓嗓嗓嗓嗓嗓嗓嗓 子子子
嗓子 sǎngzi 목청	嗓 子 sǎngzi

획순	带带带带带带带带带 儿儿
带劲儿 dàijìnr 신이 나다, 힘이 있다	带 劲 儿 dàijìnr

획순	民民民民民 族族族族族族族族族族
民族 mínzú 민족	民 族 mínzú

획순	幽幽幽幽幽幽幽幽幽 默默默默默默默默默默默默默默默
幽默 yōumò 유머러스하다, 익살스럽다	幽 默 yōumò

48　12 나는 중국 민요를 더 좋아해.

쓰기 노트

이 과의 주요 표현을 따라 써 봅시다.

1 我喜欢慢一点儿的，温柔一点儿的。

나는 좀 느리고 부드러운 노래가 좋아.

2 那我就凑合着教吧。

그럼 아쉬운 대로 가르쳐 줄게.

3 和流行歌曲比起来，我还是喜欢中国的民歌。

나는 유행가보다는 중국 민요를 더 좋아해.

4 你先听听，喜欢哪首我就叫你哪首。

네가 먼저 들어 봐, 마음에 드는 곡으로 가르쳐 줄게.

5 哎，北京儿歌倒是很有名的。

참, 베이징은 동요가 매우 유명해.

UNIT 13 找一座有名的山去爬。

🎧 W13-1

1 녹음을 듣고 질문에 알맞은 답을 고르시오.

① A 去商店　　B 去参加比赛　　C 去国外旅行　　D 去爬山

② A 黄山没有那么有名　　　　B 珠穆朗玛峰不高
　C 中国有很多有名的山　　　D 男的不喜欢爬山

③ A 山上不能烤肉　　　　　　B 男的不喜欢烤肉
　C 他们买了烤肉　　　　　　D 女的要带东西

2 빈칸에 알맞은 답을 고르시오.

> 玛丽：什么叫农历呀？
> 王峰：农历是中国传统的历法，和咱们①_____用的公历不一样，一般要比公历晚一个月左右。
> 玛丽：那重阳节都做些什么呀？要是我没猜错的话，肯定会有一种节日食品。
> 王峰：就算你猜对了吧！重阳节主要是北方人的节日，这时候，秋高气爽，庄稼丰收了，菊花开了，山上的枫叶也都②_____了，人们心里特别高兴。古代的时候，每到这一天，人们都要去爬山，还要赏菊花，喝菊花酒，做诗，③_____风筝，烤肉，还有一种好吃的东西叫"重阳糕"，不能去爬山的人应该吃这种糕。

① A 以前　　B 现在　　C 未来　　D 过去

② A 绿　　　B 百　　　C 蓝　　　D 红

③ A 开　　　B 吹　　　C 放　　　D 推

연습 문제

3 주어진 단어를 알맞은 순서로 배열하시오.

① 很难   是   了   的   这种食品   吃到   现在   遗憾
_____

② 了   你   都   馋   说得   我
你 _____

③ 敬老日   城市   这一天   把   有些   还   定为
_____

4 보기를 참고하여 다음 질문에 대한 답변을 작성하시오.

보기	最大	历史	悠久
	农历	亲朋好友	聚

A 你知道中国其他传统节日吗?
B _____
_____
_____
_____
_____

UNIT 13 找一座有名的山去爬。

이 과의 주요 단어를 따라 써 봅시다.

획순	传传传传传传	统统统统统统统统统
传统 chuántǒng 전통	传 统 chuántǒng	

획순	丰丰丰丰	收收收收收收
丰收 fēngshōu 풍작을 이루다	丰 收 fēngshōu	

획순	赏赏赏赏赏赏赏赏赏赏赏赏	
赏 shǎng 감상하다	赏 赏 shǎng shǎng	

획순	周周周周周周周周	一工工至至至到到
周到 zhōudào 세심하다, 꼼꼼하다	周 到 zhōudào	

쓰기 노트

이 과의 주요 표현을 따라 써 봅시다.

1 按照农历的算法，明天是九月初九。

음력 계산 방식에 따르면 내일은 9월 초아흐레야.

2 那你们现在重阳节干些什么？

그럼 요즘은 중양절에 어떤 것들을 해?

3 过去传说在这一天爬山能消灾免祸。

예전에는 그날 등산하면 액운이 물러간다고 전해졌어.

4 我们就跑得远一点儿，找一座有名的山去爬。

우리는 좀 더 멀리 명산으로 등산을 가.

5 除了爬山，很多地方专门给老年人组织一些娱乐活动。

등산 외에도 여러 곳에서 노인들을 위한 다양한 행사를 마련해.

UNIT 14 我们想了解一下儿留学生的周末生活。

1 녹음을 듣고 질문에 알맞은 답을 고르시오.

① A 沉默　　　B 小气　　　　　C 文静　　　　D 活泼

② A 周末有约会　B 不需要男朋友　C 有男朋友　　D 没有男朋友

③ A 老师　　　B 运动员　　　　C 司机　　　　D 记者

2 빈칸에 알맞은 답을 고르시오.

> 记者：你们好，我是电视台《快乐周末》节目的记者，我们想了解一下儿留学生的周末生活，你们能接受我们的①_____吗?
> 玛丽：哎呀，我可是第一次跟电视台记者谈话，真不知道说些什么。大卫，你见多识广，你先说吧!
> 大卫：看把你②_____得! 好，我说说我自己吧。我周末的时候比较忙。我喜欢运动，你一看我的③_____就一定知道我喜欢什么运动了吧?
> 记者：肯定是打篮球。

① A 指导　　　B 采访　　　　C 请求　　　　D 礼物

② A 高兴　　　B 气　　　　　C 累　　　　　D 紧张

③ A 鼻子　　　B 眼睛　　　　C 头发　　　　D 个子

연습 문제

3 주어진 단어를 알맞은 순서로 배열하시오.

① 跟   较量   不敢   我们   较量
   敢 _____

② 上   有机会   唱唱   电视台   让   你   去   就
   _____

③ 被   这些山   差不多都   我们大学   我们   了   征服   北边
   _____

4 보기를 참고하여 다음 질문에 대한 답변을 작성하시오.

보기	约会	地点	热爱
	刺激	活动	较量

A 你周末的时候常常做什么?

B _____
_____
_____
_____
_____

UNIT 14 我们想了解一下儿留学生的周末生活。

이 과의 주요 단어를 따라 써 봅시다.

획순	节节节节节	目目目目目
节目 jiémù 프로그램	节 目 jiémù	

획순	采采采采采采采	访访访访访访
采访 cǎifǎng 취재하다, 인터뷰하다	采 访 cǎifǎng	

획순	吹吹吹吹吹吹吹	牛牛牛牛
吹牛 chuīniú 허풍을 떨다, 큰소리치다	吹 牛 chuīniú	

획순	约约约约约约	会会会会会会
约会 yuēhuì 약속, 데이트	约 会 yuēhuì	

쓰기 노트

이 과의 주요 표현을 따라 써 봅시다.

1 除了打球，你周末还有什么活动呢?

농구 말고 주말에는 또 무슨 일을 하세요?

2 你的周末生活真丰富。

주말을 아주 다채롭게 보내시는군요.

3 现在流行的歌曲，我差不多全会唱。

지금 유행하는 노래는 거의 다 부를 줄 알아요.

4 我最喜欢去舞厅，特别刺激。

저는 클럽에 가는 걸 좋아해요. 너무 신나요.

5 周末就稀里糊涂过去了。

주말이 얼렁뚱땅 지나가요.

UNIT 15 看看中国人怎样过春节。

🎧 W15-1

1 녹음을 듣고 질문에 알맞은 답을 고르시오.

① A 农历一月一日　　　B 公历一月一日
　C 农历正月底　　　　D 公历正月初一

② A 饺子的味道　B 饺子的来历　C 饺子馅的种类　D 饺子的做法

③ A 电影院　　　B 农村　　　C 居民区　　　D 运动场

2 빈칸에 알맞은 답을 고르시오.

> 玛丽：春节有什么热闹儿呢？
> 王峰：热闹儿可多了！春节前十几天，商店里就先忙①_____了，到处都贴上了②_____，挂起了灯笼，还把大大的"福"字倒贴在窗户上。
> 玛丽：对，我在电视里看到过。为什么要把"福"字倒着贴呢？
> 王峰：那是借用"倒"字，取"福到（倒）了"这个含义。
> 玛丽：这么好的主意是谁想出来的？真有意思！
> 王峰：借用谐音字表达人们的愿望，这样的例子多着呢！比如新年家家都吃鱼，希望年年有余；送礼送桔子和③_____，预示着新年的吉利和平安。

① A 上　　　B 来　　　C 去　　　D 下

② A 邮票　　B 海报　　C 广告　　D 春联儿

③ A 苹果　　B 葡萄　　C 西红柿　　D 香蕉

연습 문제

3 주어진 단어를 알맞은 순서로 배열하시오.

① 一件　明白　不　我　事　有

　_____

② 取　那是　"倒"字　这个含义　借用　"福到(倒)了"

　_____

③ 是　个　呀　你　鞭炮米　也　原来

　_____

4 보기를 참고하여 다음 질문에 대한 답변을 작성하시오.

| 보기 | 团圆 | 除夕 | 挂 | 眼花缭乱 |
| | 吉利 | 菜 | 预示 | 年年有余 |

A　中国的春节有哪些习俗?

B　_____

　_____

　_____

　_____

　_____

　_____

UNIT 15 看看中国人怎样过春节。

이 과의 주요 단어를 따라 써 봅시다.

획순	吉吉吉吉吉吉	利利利利利利利
吉利 jílì 길하다	吉 利 jílì	

획순	团团团团团团	圆圆圆圆圆圆圆圆圆圆
团圆 tuányuán 흩어졌다가 다시 모이다	团 圆 tuányuán	

획순	来来来来来来来	历历历历
来历 láilì 유래, 내력	来 历 láilì	

획순	影影影影影影影影影影影影影	响响响响响响响
影响 yǐngxiǎng 영향을 주다	影 响 yǐngxiǎng	

쓰기 노트

MP3 W15-2

이 과의 주요 표현을 따라 써 봅시다.

1 那是因为中国有两个年，一个是新年，一个是春节。

그건 중국에 새해 첫날이 두 번 있기 때문이야. 하나는 신정, 또 하나는 춘절이지.

2 春节有什么热闹儿呢?

춘절에 무슨 구경거리가 있어?

3 那是借用"倒"字，取"福到(倒)了"这个含义。

그건 '거꾸로'라는 글자를 빌려서 '복이 온다'라는 뜻을 나타낸 거야.

4 我听说新年到处都放鞭炮，热闹极了。

새해에 여기저기서 폭죽을 터뜨려서 정말 신난다던대.

5 噢! 原来你也是个"鞭炮迷"呀!

와! 알고 보니 너도 폭죽 마니아구나!

15 看看中国人怎样过春节。 61

UNIT 01　　　　　　　　　　　2쪽

1　① 女：我叫安娜，是他的朋友，田中在吗？
　　　 男：他马上就回来，进来坐会儿吧。
　　　 问：女的最可能来干什么？

　　② 女：大卫！还认识我吗？
　　　 男：玛丽！是你啊！好久不见了！什么时候来的？怎么也不告诉我一声儿？
　　　 问：根据对话，可以知道什么？

　　③ 男：你好！我叫杰夫，是小王的同屋。我是经济系二年级的。
　　　 女：你好！我叫安娜，我也打算在经济系进修。我对中国经济很感兴趣。
　　　 男：那咱们以后就是同学了。你的汉语很好。
　　　 女：哪里哪里，以后还得请你多多帮助。
　　　 问：女的对什么感兴趣？

UNIT 02　　　　　　　　　　　6쪽

1　① 女：请问，现在可以选课吗？
　　　 男：今天不行，后天上午在教学楼的一层选课。
　　　 问：根据对话，在哪儿可以选课？

　　② 女：顺便问一下儿，可以在网上选课吗？
　　　 男：现在还不行，因为一些留学生的汉语水平还不高，网上选课有困难。
　　　 问：为什么不能在网上选课？

　　③ 男：你开始上课了吧？选了几门课？
　　　 女：除了必修课，我选了两门课。我还想旁听两门课。
　　　 男：每周上多少节课？
　　　 女：二十四节。

　　　 男：真不少。
　　　 问：根据对话，可以知道什么？

UNIT 03　　　　　　　　　　　10쪽

1　① 男：我刚来的时候，跟你一样。不瞒你说，来中国的第一个月，我的体重一下子减了三公斤。
　　　 女：这么说我比你还强点儿？
　　　 问：关于男的，可以知道什么？

　　② 男：我来中国时间长了，中午也睡一会儿。
　　　 女：怪不得中午看不到你，原来你躲在宿舍里睡大觉。
　　　 问：男的中午干什么去了？

　　③ 男：玛丽，几天没见，你好像瘦了？
　　　 女：是瘦了点儿。
　　　 男：怎么了？是不是第一次出远门儿，有点儿想家？
　　　 女：哪儿啊，我刚来中国，很多地方还不大习惯。
　　　 问：关于女的，可以知道什么？

UNIT 04　　　　　　　　　　　14쪽

1　① 男：玛丽，开学两个星期了，学习方面你觉得怎么样？跟得上吗？
　　　 女：还可以，老师讲的我差不多都能听懂，可是很多词语我不会用，所以急得要命。你能不能帮我找一个辅导老师？
　　　 问：女的为什么着急？

　　② 男：玛丽，听大卫说，你想找个研究生互

62

듣기 스크립트

　　　相辅导?
女: 是啊, 找到了吗? 我都等不及了。
问: 从对话可以知道, 女的的性格怎么样?

③ 女: 听你这么一说, 我真不知道该怎么办了。
男: 我建议你先找个研究生, 互相辅导吧。我的中国朋友很多, 我帮你找。
女: 那你快去吧! 现在就去!
男: 看把你急得! 等着吧, 一有消息我就来告诉你。
问: 女的让男的做什么?

UNIT 05　　　　　　　　　　　　　18쪽

1 ① 男: 嗨! 学校门口能坐的车多的是, 拿公共汽车来说吧, 有专线车、空调车、无人售票车、双层车……咱们学校门口的车站有十几个站牌呢。这些车你都可以坐啊!
女: 就是因为车太多了, 我才不敢坐。
问: 他们说的车是什么?

② 男: 其实自然博物馆离这儿并不远, 只不过坐公共汽车去有点儿麻烦。出校门坐19路到终点站, 然后换24路, 在"自然博物馆"站下车, 再往东走二百米左右就到了。
女: 我的天啊, 这么麻烦! 要是我一个人去, 非迷路不可。
问: 到自然博物馆需要倒几次车?

③ 女: 你出门喜欢坐什么车啊?
男: 我最喜欢坐地铁, 地铁不堵车, 又快又便宜。

女: 其实我也喜欢坐地铁, 可惜咱们学校这里不通地铁。
男: 马上就要通了, 那时候去哪儿都方便了。
问: 根据对话, 可以知道什么?

UNIT 06　　　　　　　　　　　　　22쪽

1 ① 女: 在哪儿?
男: 你顺着我指的方向看, 那家快餐店旁边就是。
问: 他们在做什么?

② 女: 那我什么时候给你打电话方便?
男: 下午有的时候也有课, 一般三点以后就没事儿了。另外, 你可以给我发短信啊。
问: 男的什么时候方便接电话?

③ 女: 我想给朋友打个电话, 可是我的手机没钱了。请问, 哪儿卖充值卡?
男: 前边的邮局就卖。不过, 这么晚了, 邮局早就下班了吧?
女: 那可怎么办啊? 我有急事啊!
男: 离这儿不远, 有个报刊亭, 那儿也卖充值卡。
问: 女的最有可能去哪儿?

UNIT 07　　　　　　　　　　　　　26쪽

1 ① 女: 哎呀, 那可是乔迁之喜啊, 恭喜恭喜! 你得请客吧?
男: 那还用说!
问: 男的是什么意思?

② 女: 房东对你怎么样?

男: 房东是个和善的老太太。一会儿她来收房租，我介绍你们认识一下。
问: 根据对话，可以知道什么?

③ 女: 为什么不在校内住了呢? 校内多方便啊。
男: 在校内吧，当然很方便，可是宿舍的房间实在太小了。我的同屋朋友也多，有时候真是没法安静地看书。
女: 这倒是。你现在住的地方离学校远吗?
男: 不远，骑车十分钟就到了。
问: 根据对话，可以知道什么?

UNIT 08　　　　　　　　　　　　　　30쪽

1 ① 男: 你的身材很好，很多种类的衣服都适合你穿。就看你喜欢什么样式的了。请跟我来。你看，这些都是最近的新样式，特别适合像你这种年龄的女孩儿穿。
女: 这么多样式，我都不知道挑哪件好了。
问: 他们最有可能在哪儿?

② 女: 哎，朋友，这套茶具怎么卖?
男: 是你呀，好久没来了。买什么? 茶具? 你可看清楚，这是景德镇的。卖别人，一百二; 你要是真想买，八十卖给你。
女: 好的。
问: 女的可能花多少钱?

③ 男: 这是新上市的，不打折。
女: 可是我们刚才进门的时候，看见你们商店的门口写着"服装大减价""优惠"什么的。
男: 那是指夏装，是季节性减价，你要是买，我们这里也有，可以八折优惠。
女: 好，五百五就五百五。不管怎么说，我挺喜欢这件衣服的。
问: 根据对话，可以知道什么?

UNIT 09　　　　　　　　　　　　　　34쪽

1 ① 男: 我最喜欢吃你妈妈做的菜了。
女: 我妈现在还老说起你呢。说那个爱吃四川菜的大卫好久没来了。可是玛丽来中国时间不长，还没去过我家，我想请她也到我家坐坐，了解一下儿中国人的家庭生活，这样对她学习汉语也有好处。
问: 根据对话，大卫喜欢吃什么菜?

② 女: 对不起，对不起，我们来晚了。
男: 我在门口站了半天了。是不是我家的地址不好找?
问: 他们最有可能在哪儿?

③ 女: 大卫，有件事跟你商量一下儿，你这个周末有空儿吗?
男: 这个周末我想去趟书店，不过并不急。有什么事?
女: 这个周末我想请你跟玛丽一起去我家。
男: 好，一言为定。
问: 男的周末可能去哪儿?

UNIT 10　　　　　　　　　　　　　　35쪽

1 ① 女: 工作忙吗?
男: 工作不太忙，就是工作单位离家远了

점儿.
问：关于男的，可以知道什么？

② 女：我很喜欢吃辣的，不过，我听说中国有的地方的辣椒特别辣。
男：四川菜很多都是辣的。咱们学校附近有个四川饭馆，我常去那儿吃。
问：根据对话，可以知道什么？

③ 女：尝尝我做的四川菜。喜欢吃吗？
男：真好吃！比我们学校食堂的菜强多了。
女：喜欢吃就多吃点儿。来，尝尝这个。
男：谢谢，您别客气，我自己来。
问：男的在吃什么？

UNIT 11 42쪽

1 ① 男：怎么样？炒菜不太难吧？
女：看你做倒是挺容易的，就是不知道我能不能做好。还有，我怎么知道熟没熟呢？
问：他们在谈什么？

② 女：行，我瞪大眼睛看着。
男：放上葱丝，炒几下儿，然后把土豆丝放进去，再放几滴醋，这样炒出来的土豆丝是脆的，好吃。炒一会儿以后，把青椒放进去一起炒。炒到差不多熟了的时候，再放点儿盐，素炒土豆丝就做好了。
问：根据对话，男的用了什么调料？

③ 男：你有厨房用具吗？
女：有哇，我们留学生楼里有个公用厨房，有几个同学很喜欢自己做饭，我可以跟他们借。

男：那好，如果调料都有的话，你买几个土豆和青椒就行了。
女：那就这么定了，明天辅导的一个重要内容：学做中国菜。
问：他们明天要干什么？

UNIT 12 46쪽

1 ① 男：你说，想学什么？
女：你最好教我唱中国民歌，和流行歌曲比起来，我还是喜欢中国的民歌，特别是中国少数民族的民歌。我在美国的时候买过中国民歌的CD，学过几首，不过全都忘得差不多了。
问：根据对话，女的学过什么歌？

② 男：你先别夸我，我也是那种"扯着嗓子吼"的人，要是我一开口，说不定你就会捂着耳朵跑出去。
女：不至于吧。
问：女的是什么意思？

③ 女：这首《茉莉花》好像我也听过，可是我不会唱。
男：这是中国南方的汉族民歌。你再听听这首蒙古族的，名字叫《敖包相会》。
女：真好听！不过听起来调挺高的，我可能唱不上去。
男：那就降两个调。
问：根据对话，可以知道什么？

UNIT 13 50쪽

1 ① 女：王峰，刚才我去商店，看见好多学生又买面包，又买矿泉水，好像都要出门旅行似的。这是怎么回事？

① 男：明天是中国的重阳节，又是周末，学生会组织爬山活动，我也去。你想不想去？
   问：明天学生们要去哪儿？

② 女：中国有哪些有名的山呢？
   男：有名的山太多啦！泰山、黄山、庐山……你要是想爬高一点儿的山，还有珠穆朗玛峰。
   问：根据对话，可以知道什么？

③ 男：你什么都不用带，我们都准备好了。
   女：有烤肉吗？
   男：烤肉你可吃不上。
   女：为什么呢？
   男：山上不许点火。万一着起火来，咱们自己就成烤肉了！
   问：根据对话，可以知道什么？

UNIT 14   54쪽

1 ① 女：你们喜欢去什么地方呢？
   男：主要是有山的地方。我们很早就出发，有时骑好几个小时，往有山的地方骑。骑到一个地方，一看不错，扔下车就爬山。我们大学北边这些山差不多都被我们"征服"了。
   问：根据对话，男的性格怎么样？

② 男：你们周末都没有约会吗？
   女：我还没有男朋友呢！当然，男的好朋友有几个，不过我们只是朋友。我还真想有个喜欢我、关心我、爱我的男朋友呢！
   问：关于女的，可以知道什么？

③ 女：跟你商量一下儿，下次你们出去的时候，我能不能随队采访？
   男：当然欢迎啦！不过你得跟我们一起骑车去。
   女：没问题。告诉你，我原来也当过运动员！
   男：那好，下次我们比赛爬山，怎么样？
   问：根据对话，女的以前做什么？

UNIT 15   58쪽

1 ① 女：春节是在哪一天？
   男：农历正月初一，一般是在公历的二月或是一月底。
   问：春节是什么时候？

② 女：你知道饺子的名称是怎么来的吗？除夕夜，新年和旧年相交在子时，称为"交子"，饺子的名称就是从"交子"变过来的。
   男：我常吃饺子，可关于饺子的来历我还是头一次听说。
   问：他们在谈什么？

③ 女：这样做也是对的。你知道，我过去在电影里看到过放鞭炮，特别想自己放一放。
   男：你要是真的想放鞭炮，跟我到郊区农村去吧。
   女：农村可以放鞭炮吗？
   男：当然可以。而且农村过春节比城市可热闹多啦！我今年春节就打算到农村一个亲戚家去过，到时候你跟我去放个痛快！
   问：在哪儿可以放鞭炮？

北京大学 신 한어구어 5 워크북

이름

m.dongyangbooks.com www.dongyangbooks.com

외국어 출판 40년의 신뢰
외국어 전문 출판 그룹
동양북스가 만드는 책은 다릅니다.

40년의 쉼 없는 노력과 도전으로 책 만들기에 최선을 다해온 동양북스는
오늘도 미래의 가치에 투자하고 있습니다.
대한민국의 내일을 생각하는 도전 정신과 믿음으로 최선을 다하겠습니다.

동양북스 추천 교재

일본어 교재의 최강자, 동양북스 추천 교재

회화 코스북

일본어뱅크 다이스키
STEP 1·2·3·4·5·6·7·8

일본어뱅크
좋아요 일본어 1·2·3·4·5·6

일본어뱅크 도모다찌
STEP 1·2·3

분야서

일본어뱅크
좋아요 일본어 독해 STEP 1·2

일본어뱅크
일본어 작문 초급

일본어뱅크
사진과 함께하는
일본 문화

일본어뱅크
항공 서비스 일본어

가장 쉬운 독학
일본어 현지회화

수험서

일취월장 JPT
독해·청해

일취월장 JPT
실전 모의고사 500·700

일단 합격하고 오겠습니다
JLPT 일본어능력시험
N1·N2·N3·N4·N5

일단 합격하고 오겠습니다
JLPT 일본어능력시험
실전모의고사 N1·N2·N3·N4/5

단어·한자

특허받은
일본어 한자 암기박사

일본어 상용한자 2136
이거 하나면 끝!

일본어뱅크
좋아요 일본어 한자

가장 쉬운 독학
일본어 단어장

일단 합격하고 오겠습니다
JLPT 일본어능력시험
단어장 N1·N2·N3

중국어 교재의 최강자, 동양북스 추천 교재

중국어뱅크 북경대학 신한어구어
1·2·3·4·5·6

중국어뱅크 스마트중국어
STEP 1·2·3·4

중국어뱅크 집중중국어
STEP 1·2·3·4

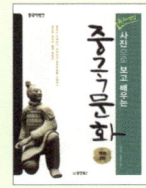
중국어뱅크
뉴! 버전업 사진으로
보고 배우는 중국문화

중국어뱅크
문화중국어 1·2

중국어뱅크
관광 중국어 1·2

중국어뱅크
여행실무 중국어

중국어뱅크
호텔 중국어

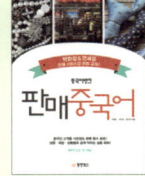
중국어뱅크
판매 중국어

중국어뱅크
항공 실무 중국어

정반합 新HSK
1급·2급·3급·4급·5급·6급

일단 합격 新HSK 한 권이면 끝
3급·4급·5급·6급

버전업! 新HSK
VOCA 5급·6급

가장 쉬운 독학
중국어 단어장

중국어뱅크
중국어 간체자 1000

특허받은
중국어 한자 암기박사

📖 동양북스 추천 교재

기타외국어 교재의 최강자, 동양북스 추천 교재

중고급 학습

| 첫걸음 끝내고 보는 프랑스어 중고급의 모든 것 | 첫걸음 끝내고 보는 스페인어 중고급의 모든 것 | 첫걸음 끝내고 보는 독일어 중고급의 모든 것 | 첫걸음 끝내고 보는 태국어 중고급의 모든 것 | 첫걸음 끝내고 보는 베트남어 중고급의 모든 것 |

단어장

버전업! 가장 쉬운 프랑스어 단어장 / 버전업! 가장 쉬운 스페인어 단어장 / 버전업! 가장 쉬운 독일어 단어장 / 가장 쉬운 독학 베트남어 단어장

여행 회화

NEW 후다닥 여행 중국어 / NEW 후다닥 여행 일본어 / NEW 후다닥 여행 영어 / NEW 후다닥 여행 독일어 / NEW 후다닥 여행 프랑스어 / NEW 후다닥 여행 스페인어 / NEW 후다닥 여행 베트남어 / NEW 후다닥 여행 태국어

수험서·교재

한 권으로 끝내는 DELE 어휘·쓰기·관용구편 (B2~C1) / 수능 기초 베트남어 한 권이면 끝! / 버전업! 스마트 프랑스어 / 일단 합격하고 오겠습니다 독일어능력시험 A1·A2·B1·B2